L⁷k 1438

LE
CHATEAU DE BROSSE

(INDRE)

CHRONIQUE FÉODALE

LA COMTESSE ALMODIS

Par ÉLIE DE BEAUFORT, docteur-médecin,

Revu et corrigé par M. X***.

BOURGES.

Librairie E. JUST-BERNARD, rue Cour-Sarlon.

1861

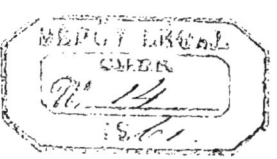

LE CHATEAU DE BROSSE

CHRONIQUE FÉODALE.

LA COMTESSE ALMODIS

I.

On peut dire, sans crainte d'être démenti, que la passion la plus universelle et la plus durable, est le désir de vivre ou de prolonger son existence ; tous les hommes, à peu d'exceptions près, voudraient doubler, quadrupler celle que la Providence leur a accordée. Ne pouvant y parvenir de fait, ils le font d'une manière indirecte, en participant au moyen de l'histoire, comme spectateurs, aux actions qui se sont passées bien longtemps avant eux. Le plaisir que procure cette participation est bien plus grand encore lorsqu'on se rencontre dans les lieux où les faits se sont accomplis, où chaque pierre porte encore, pour ainsi dire, l'empreinte des pas des hommes illustres qui y ont marché, quand on peut s'asseoir sur les siéges où ils se sont placés, respirer l'air qu'ils ont respiré, voir les points et les monuments qu'ils ont vus, et éprouver les sensations qu'ils y ont éprouvées. Voilà pourquoi les traditions locales ont tant de charmes dans la bouche d'un vieillard, témoin occulaire de ce qu'il raconte, idée si bien et si naïvement peinte dans ces vers de notre immortel chansonnier :

> Vous l'avez donc vu, grand'mère !
> Grand'mère, vous l'avez donc vu ?

Qui peut se défendre d'un certain saisissement, en entendant, dans Tacite, les quelques soldats échappés au désastre de Varus, dire plus tard à leurs nouveaux compagnons : « Là était le tribunal, là on faisait les exécutions, et là on massacrait les prisonniers ! »

Ces considérations m'ont déterminé à faire part au public d'une ancienne chronique de notre pays, dont le château de Brosse a été le principal théâtre.

II.

Il est probable que plusieurs de nos lecteurs auront remarqué, en allant de Saint-Benoît à Chaillac ou à Baulieu, l'antique donjon qui s'élance dans la nue et qui, comme à Monthléry :

> Présentant de loin leur objet ennuyeux,
> Du passant qui le fuit, semble suivre les yeux.

Je suis sûr que plusieurs d'entr'eux, poussés par la curiosité, auront voulu voir de plus près le monument qui captivait leur attention. S'ils ont fait cette excursion il y a une dizaine d'années, par un beau jour de printemps, après avoir admiré les beautés du site, tout à fait champêtre et pittoresque, parfaitement accidenté, les rochers dénudés, blanchis par les lichens, ou couverts de bruyère rougeâtre, et les châtaigners s'entrecroisant dans les sinuosités de la vallée, s'harmonisant si élégamment avec ces ruines au ton chaud, en grès rouge-brun, tapissés de lierre et couronnés d'arbustes ondoyants au gré du zéphir, ils n'auront pas manqué de faire une station devant le portail désert, sur lequel André de Chauvigny plaça, vers la fin du XIIIe siècle, après son mariage avec Jeanne de Brosse, unique héritière de la vicomté, son écusson d'argent aux cinq fuseaux et deux demi-fuseaux de sable, au lambel à six pendantifs de gueules, lorsqu'il le fit construire et couronner de machicoulis en avant des deux tours qui, primitivement, se trouvaient de chaque côté de la porte qu'elles devaient protéger. Là ils auront été frappés de l'aspect du panneau de la petite porte qui paraît contemporaine de ces temps reculés ; ils auront regardé avec attention les deux couches de madriers épais croisés et réunis par de forts clous. Mais pas de loquets, ni moyen de l'ouvrir, seulement un trou à passer le doigt et poli par de fréquents frottements, les aura engagé à y introduire le leur qui a rencontré un petit morceau de bois qu'on peut lever facilement, et permet d'ouvrir la porte.

Une fois dans cette première cour ils auront dû voir, perché au haut d'une échelle, un vieillard d'une haute taille, d'une figure respectable, jadis beau brun, maintenant blanc comme la neige, occupé à assujettir ses treilles qu'il fait ramper dans les créneaux. S'il vous a vu, lecteur, il n'a pas manqué de descendre à votre approche, et, son bonnet de laine à la main, de vous saluer fort poliment, car le père Léonard, élevé dans les châteaux, en a conservé les bonnes manières ; puis, mettant à cheval sur le petit doigt de sa main gauche, ses lunettes pince-nez, montées en cuivre jadis argenté, de vous demander comment vous vous portez. Né, élevé dans le château, personne mieux que lui ne peut vous en raconter l'histoire qu'il m'a souvent répétée et dont je vais vous faire part aujourd'hui. Mais faisons-le parler lui-même.

III.

— Bonjour, père Léonard, comment va la santé?

— Merci, Monsieur, et vous? seulement ces forces ne viennent pas vite.

— Vous avez pourtant bonne mine.

— Jamais cela ne m'a manqué, mais j'étais bien plus vigoureux autrefois : le beau temps que celui de la jeunesse ! il est dommage qu'il passe aussi vite ; ce n'est pas qu'on aurait bien encore les goûts, mais ces forces n'y sont plus et il n'y a pas à espérer qu'elles reviennent.

— Vous êtes donc toujours dans le château, père Léonard?

— J'y ai passé mon enfance et j'y passe ma vieillesse. C'est qu'il était beau autrefois ; c'est moi qui ai commencé à le découvrir, en ai descendu les charpentes, qui ai cultivé ses cours en luzerne et en froment, qui ai planté tous ces pruniers et toutes ces vignes qui rampent dans les créneaux. Il n'y a que les figuiers qui datent du temps des seigneurs, et repoussent après chaque gelée dans les décombres que j'ai déblayés avec beaucoup de peine. C'est bien malheureux qu'il ait été démoli, il le fallait bien, l'entretien en était trop dispendieux, et ce n'est que depuis peu qu'il a fallu se décider à sa démolition. Dans mon enfance, lorsque je servais la messe dans la chapelle et que je portais la clochette devant la procession de la Fête-Dieu, il était encore bien beau ; la grosse tour était intacte avec ses quatre grandes gargouilles répondant aux quatre vents, pour jeter au loin l'eau qui tombait sur la plate forme qui faisait le tour de la toiture. La grande galerie par laquelle on entrait dans les appartements des seigneurs, avait encore ses deux grandes lampes qu'on allumait chaque soir aux deux extrémités ; et les piliers qui en supportaient le plafond étaient encore couverts de trophées de guerre. Cette galerie régnait sur la cave que vous voyez encore au-devant des cuisines.

— Dites donc, père Léonard, savez-vous ce qui s'est passé dans ce lieu? Est-il vrai que l'ombre de la comtesse Almodis circule toutes les nuits sur les murailles?

— On me l'a souvent dit, mais je n'ai jamais voulu venir la voir, ces choses là tiennent trop au mauvais esprit, et il n'est pas prudent de s'en approcher.

— Si vous vouliez nous raconter cette histoire vous nous feriez bien plaisir.

— Très volontiers, Messieurs ; comme il fait bien chaud, si vous voulez, nous irons nous mettre à l'ombre dans une des tours. Nous nous y assierons sur les fagots, vous devez être fatigués, moi aussi, nous y serons mieux à l'aise.

IV.

Vous voilà, ami lecteur, en connaissance avec le père Léonard, vous pouvez l'accompagner dans la tour, où trois vastes embrasures de fenêtres étroites forment, dans l'épaisseur du mur, trois cabinets ouverts dans l'intérieur. Prenez place sur le canapé de bois vert qu'il vous offre, et lorsque sa femme aussi vieille et aussi blanche que lui, lui aura apporté son frugal repas qu'il attendait ; qu'il vous aura demandé la permission de le manger et qu'il l'aura fait sans se faire prier, il vous fera le récit suivant :

V.

Un de mes parents, nommé André, maçon de profession, était parvenu par ses talents et sa bonne conduite à gagner la confiance de Mgr le prince de Conti, qui le nomma son architecte. N'ayant pas assez d'ouvriers pour les travaux qu'il se proposait de faire à l'Isle-Adam, le prince chargea mon parent de venir au pays chercher de bons enfants pour travailler avec lui ; je fis partie d'une trentaine de jeunes gens qui accompagnaient mon parent André. Installés au château, nous passions les soirées du dimanche à danser, car nous étions tous grands amateurs de ce plaisir, que nous pouvions nous procurer d'autant plus facilement, que parmi nous était un joueur infatigable de cornemuse, qui savait tous les airs de danse du pays. Quelquefois les femmes de chambre de Mme la princesse venaient partager notre divertissement dans la grande avenue des marronniers, quand Monseigneur était au château, ou dans la cour même lorsqu'il était absent. Un jour, Madame nous regardait tristement, appuyée sur le balcon d'une fenêtre et nous surprit grandement, quand une de ses femmes vint nous prier de sa part de monter au salon, pour lui apprendre nos danses, que vous connaissez probablement sous le nom de *bourrées*, de *coupées* et de *rondes*. A cette heureuse nouvelle, qui nous comblait de joie, chacun posant ses sabots au bas de l'escalier, qui fut franchi en un saut, vint saluer bien respectueusement Mme la princesse, qui nous dit de la façon la plus gracieuse :

— Mes amis, je vous ai prié de venir pour m'apprendre vos danses qui me plaisent infiniment ; j'envie le bonheur que vous paraissez y éprouver, et je désire le partager.

La danse commença aussitôt, Madame ordonna à ses femmes de s'y mêler et voulut bien danser comme nous, pauvres villageois. La cornemuse allait à merveille, et je crois que jamais nous n'avions dansé avec tant de plaisir ; Madame s'en acquitta comme si elle eût été une fille de Chaillac, et tant et tant, que lorsqu'on s'arrêta, tout le monde était ruisselant de sueur. Madame nous envoya changer bien vite, de peur, dit-elle, que nous ne prissions quelque maladie, et passa elle-même dans ses appartements. La chère dame nous soignait comme ses enfants : c'était aussi l'habitude de son mari. Ah ! Messieurs, que nous étions bien dans ce château. Elle eut soin de nous faire envoyer une collation et vint voir comme nous étions ; pas plus fière que ça, elle nous traitait comme ses égaux.

VI.

Le dimanche suivant, Monseigneur étant encore absent, nos danses recommencèrent de la même manière; mais Madame, pour éviter qu'on eût trop chaud, voulut qu'après chaque demi-heure de danse il y en eût une de repos. C'est dans cet intervalle que, faisant la conversation avec nous, elle me demanda, comme aux autres, le nom de mon village et ce qu'il y avait d'intéressant dans les environs.

— Oh! Madame, votre château de l'Isle-Adam est bien beau ; mais, dans mon village, il y en a un qui était bien plus beau et plus fort autrefois.

— Comment appelez-vous ce château ?

— C'est Brosse, chef-lieu de la vicomté de ce nom, dans le Poitou.

— J'ai entendu parler de ce vieux château, qui doit être en ruines ; n'est-ce pas sur ses murailles que toutes les nuits se promène la comtesse Almodis ?

— Oui, Madame; je ne l'ai jamais vue. On dit qu'il ne faut jamais aller voir les revenants, et ma grand'mère me défendait bien d'entrer dans le château pendant la nuit, de crainte d'y rencontrer l'ombre de la comtesse, qui portait malheur à tous ceux qu'elle avait rencontrés.

— Si vous connaissez son histoire, vous me ferez plaisir de me la raconter.

— Très volontiers, Madame. Aussitôt je dis ce que j'en avais appris de ma grand'mère, qui m'endormait avec la complainte de la comtesse Almodis. Lorsque j'eus fini, Madame nous dit :

— Mes amis, Léonard nous a bien dit quelque chose de vrai, mais il a oublié beaucoup de choses. Comme c'est une histoire de votre pays, vous ne serez peut-être pas fâchés de la connaître entièrement, et je vais vous la dire telle que je la tiens de M. le chevalier de Pomerville, qui sort des anciens vicomtes de Brosse, et qui la connaît parfaitement : je commencerai au repos prochain.

C'est ce que fit madame de Conti, qui nous raconta toute cette histoire, que j'ai retenue, tant elle a frappé mon imagination. La voici.

VII.

Au temps où le malheureux Robert, digne d'un meilleur sort, fut obligé de se séparer de Berthe, sa bien-aimée, il y a longtemps de cela, environ 860 ans, les grands seigneurs occupaient leur humeur guerrière à combattre contre leurs voisins et leurs parents. Le duc d'Aquitaine, Guillaume V dit le Grand, désirant ramener la paix entre ceux de ses voisins tourmentés par ce besoin, chercha à les tourner vers des amusements moins dangereux, et, dans cette intention, donna dans sa capitale, lieu de son séjour habituel, dans la ville de

Poitiers, de grandes fêtes et des tournois où il invita toute la noblesse d'Aquitaine et des provinces voisines. Chevaliers, comtes et barons s'empressèrent de répondre à l'invitation du noble duc et de conduire leur famille à cette brillante réunion. Le calme habituel de la silencieuse tour de Maubergeon, dont l'étymologie donnera encore bien de la tablature aux savants, se métamorphosa tout-à-coup en une cour brillante et tumultueuse. Non-seulement le château du duc, mais toutes les hôtelleries et les maisons particulières furent inondées par les flots d'une bouillante jeunesse avide de gloire et de plaisirs.

Le mouvement avait lieu principalement entre la tour Maubergeon et un ancien amphithéâtre que Guillaume avait fait nettoyer, afin d'y donner des tournois. Ce monument des derniers efforts de construction des Romains, fût, dit-on, l'œuvre de l'empereur Gallien : une vaste plaine elliptique entourée de nombreux rangs de gradins en pierre, supportés par des voûtes épaisses et solides, après avoir servi autrefois à des jeux barbares où, non contents d'y sacrifier des animaux, les hommes venaient aussi chercher une mort déplorable, pour satisfaire les désirs d'une foule avide d'émotions violentes, offraient encore en ce moment un champ clos où, avec moins de danger, la valeur et l'adresse pouvaient donner des spectacles moins dégoûtants et plus en harmonie avec les mœurs guerrières et généreuses des chevaliers français. C'était là que se rendaient chaque jour les curieux et les combattants.

Parmi les chevaliers qui s'y firent le plus remarquer, on distingua surtout Hélie, second fils de Boson dit le Vieux, petit-fils de Sulpice, arrière-petit-fils de Geoffroy. Ce jeune seigneur venait des bords de la Creuse, où habitait son père, dans le château de Crozant, séjour habituel de ce premier comte de la Marche. Le vicomte Hélie ne brillait pas moins par ses qualités morales et physiques que par son instruction et surtout son courage et son adresse, qui le rendaient vainqueur dans toutes les joûtes, au point que personne n'osait plus lui disputer la victoire, lorsqu'arriva un nouveau champion, Guydonius, avec son père Gérald, vicomte de Limoges, et sa sœur Aimodis. Un sentiment de surprise, bientôt remplacé par l'admiration, s'empara de toute l'assemblée, lorsqu'accompagnée de son père et présentée par le duc, parut cette belle Limousine. Les jeux furent interrompus, un long murmure d'approbation se fit entendre, tout le monde se précipitait vers la nouvelle arrivée, afin de jouir de plus près du merveilleux effet de sa beauté. Il fallut remettre la partie au lendemain, où Hélie et Guydonius convinrent de rompre une lance.

Le palais du duc d'Aquitaine fut assiégé toute la soirée par une foule curieuse de voir les nouveaux venus qui y avaient été reçus; quelques gentilshommes plus dévots à leurs nobles dames, passèrent ce temps à aller visiter le monastère de Ste-Croix où sainte Radégonde, morte depuis peu, était en odeur de sainteté, et où le docte Fortunat versait des flots de son éloquence gracieuse et persuasive pour le triomphe de la sainte religion ; chaque jour on y chantait le fameux *Vexilla Regis* qu'il venait de composer. C'était dans cette maison qu'avait été déposé le bois de la vieille croix, apporté de Jérusalem par sainte Loubette, et que, pendant le tumulte des jeux et des plaisirs, de saintes filles, dans le silence de la retraite, priaient pour leurs frères et leurs sœurs.

VIII.

Enfin, la nuit et le sommeil s'étendirent sur l'antique ville de Poitiers, et chacun s'endormit dans l'espérance des plaisirs du lendemain. Un seul ne peut fermer les yeux, c'est en vain, qu'agité sur sa couche solitaire, il appelle le calme dans son cœur, l'image d'Almodis est sans cesse devant ses yeux, et sa voix prononce sans cesse ce nom chéri. Depuis longtemps l'horloge de la tour avait sonné lentement les douze heures du milieu de la nuit, et Lucifer, avant-coureur de l'aurore se levait au bord oriental de l'horizon, lorsqu'enfin, n'y pouvant plus tenir, Hélie sort de son gîte, sans trop savoir où porter ses pas. Errant à l'aventure, il parcourt ces rues étroites, tortueuses et silencieuses, où le bruit des cloches des divers monastères, semble se joindre aux différents ordres religieux pour chanter les louanges matinales du Seigneur. Le hasard le conduit près de ce temple antique, ouvrage des premiers chrétiens, consacré à saint Jean, dont la piscine adandonnée, pouvait encore contenir l'eau destinée aux baptêmes primitifs par immersion; puis, continuant sa route, il passe la rivière et gagne les hauteurs, où la brise matinale rafraîchit son sang enflammé et semble adoucir son tourment. L'aurore en ce moment commence à éclairer Poitiers qui paraissait naître avec la lumière. De cette élévation, le fils de Boson contemple avec délice la ville presque entière, et, lorsque le soleil luit, éclairé de ses premiers rayons, il cherche, avec avidité, à distinguer, au milieu de ces tours et de ces clochers, le palais des ducs, où doit en ce moment reposer encore Almodis. Près de lui une pierre druidique, élevée sur plusieurs autres, lui offre un siége dont il profite pour s'abandonner à ses pensées d'amour; là, il resta longtemps plongé dans des méditations ; les fanfares s'élevant de tous côtés mêlées au son des cloches sonnées à grande volées, lui rappelèrent que la gloire l'attendait dans la lice, où il aurait le bonheur de voir Almodis,

IX.

Tout Poitiers était en mouvement, des flots du peuple se rendaient aux arènes qui furent bientôt remplies ; comment vous peindre l'éclat et la richesse de ces brillantes bannières portant les armes des seigneurs du Poitou, du Limousin, de la Marche et des autres provinces ; le mélange harmonieux de l'or, de l'argent avec les gueules, l'azur, le sinople, le pourpre et le sable, faisant mutuellement ressortir leurs nuances tranchées; ces armures étincelantes, ces pages aussi parés que leurs maîtres, ces coursiers couverts de fer et de soie, ces chevaliers à la cuirasse éblouissante avec leur casque scintillant leur ondoyant cimier, et surtout cet essaim de jeunes beautés, orgueil de leurs familles, placé aux premiers rangs des gradins, comme une haie couverte de fleurs.

Quelle animation, quels frémissements d'impatience! les noms d'Hélie et de Guy, passent de bouche en bouche. Enfin, la trompette sonne, le duc Guillaume et sa cour viennent prendre place dans la tribune décorée de draperies aux armes d'Aquitaine et de Poitiers ; et, l'instant d'après, la porte de la grande voûte s'ouvre pour laisser entrer les deux champions revêtus de leur armure, suivis de leurs varlets et d'une foule de gentilhommes cachés sous l'acier et les panaches, mais que désignent les écussons et les armoiries ; la mélusine fait connaître les Lusignan, aux dix forces argent et azur ; le champ d'or au chevron de gueules accompagnés de trois aigles de sable, nous rappelle les Latrimouille ; Bonivet, fondateur d'une tour d'enceinte de St-Benoît, se reconnaît à son champ d'or aux trois jumelles de gueules ; Vivone à ses quatre forces ondées argent et gueules ; Barnabi à ses trois fuseaux d'argent sur fond d'azur. Et une foule d'autres plus ou moins brillants et compliqués.

Les trompettes et les hautbois sonnent des fanfares pendant que les deux chevaliers font lentement trois fois le tour de l'arène en saluant les dames. Le silence se rétablit et la voix des hérauts d'armes fait retentir les airs du cri mille fois répété par la foule : « Honneur aux fils des preux ! honneur aux preux ! » Le fils de Boson et celui de Gérald, après s'être salués courtoisement se séparent, chacun gagnant une extrémité de l'arène, d'où leurs coursiers s'élancent ventre à terre l'un contre l'autre. Le choc est terrible, tous les deux restent d'aplomb et immobiles, chacun appuyant sa lance contre la poitrine de son adversaire ; on les eut cru pétrifiés à l'instant : pareille force, pareille adresse et pareil courage. Aucun des deux ne pouvant avancer et ne voulant reculer, on ne sait combien de temps ils seraient restés dans cette position, si Guillaume n'eût envoyé un hérault, en leur ordonnant de regagner leur place pour recommencer. Aussitôt, chacun retourne et se précipite de nouveau vers son antagoniste, la rencontre fut encore violente et les cuirasses des deux chevaliers furent de nouveau bosselées ; mais le cheval de Guy, fatigué de la longue course de la veille, fléchit sur les jambes de derrière, perd l'équilibre et est obligé de reculer pour ne pas tomber. Dans ce moment, la pression de la lance d'Hélie le fait choir sur le côté ; un grand cri s'élève de toute l'assemblée, et Hélie est proclamé vainqueur.

Le duc tenait à la main une couronne formée d'une branche de laurier et d'une de myrte entrelacées, Guy la prend et la porte à son vainqueur en l'engageant à choisir parmi les dames celle qui devait la lui placer sur la tête. Mais Hélie, n'attribuant sa victoire qu'à la faute du cheval du gentilhomme limousin, refuse le titre de vainqueur ; les juges lui ordonnent de se conformer aux réglements du tournoi. Alors les yeux baissés, il s'avance timidement vers la beauté qui la veille avait fait l'admiration de l'assemblée, et qui brillait moins par la simplicité de sa parure que par les dons de la nature.

Almodis rougit elle-même en voyant le chevalier se diriger de son côté, quoi qu'elle eut pressenti ce qui arrivait, elle prit en tremblant la couronne que lui présentait le vicomte agenouillé et la déposa sur son front avec la tendre émotion d'un amour naissant.

X.

Tous les seigneurs auraient voulu être à la place du fils de Boson, et Guillaume lui-même avoua n'avoir jamais tant ambitionné la victoire que dans cette circonstance : aveu échappé à une passion violente dont il ressentait les premières atteintes.

Le plus vaillant et la plus belle, c'est ainsi que la foule désignait les deux jeunes amants, passèrent peu d'instants sans se voir pendant les quelques jours que durèrent encore les fêtes.

Le soir, un grand dîner réunit tous les invités dans la grande salle du palais ducal, dont les trois énormes cheminées, inutiles en ce moment, furent transformées en offices, garnies de tout ce que Guillaume avait pu se procurer de plus rare et de plus recherché ; il voulut que le plus vaillant et la plus belle fussent à ses côtés, ce qui ne contribua pas peu à susciter de petites jalousies et à hâter le départ des invités.

Les illuminations rivalisèrent avec l'éclat du jour; Poitiers, dont les rues étaient envahies par la foule, resplendissait de lumières. La salle du repas fut transformée en salle de bal, et les trois offices improvisées furent constamment garnies de provisions et de rafraîchissements. Le duc n'avait rien négligé pour que les fêtes fussent en rapport avec son rang et sa fortune. On remarqua qu'il fit beaucoup plus de prévenances au vicomte de Limoges et à ses enfants qu'à tout autre seigneur, et que, lorsqu'il partit, il voulut le reconduire jusqu'à plusieurs lieues de Poitiers.

XI.

Les ambitions et les haines des seigneurs, momentanément suspendues par les fêtes du duc d'Aquitaine, reprirent bientôt leur force et toute leur activité ; chacun chercha des alliances chez ses voisins pour combattre les autres. Guillaume avait été sollicité par Boson pour l'aider à étendre sa puissance aux dépens du Limousin ; Gérald, de son côté, prévoyant quelque attaque, s'était lié avec les seigneurs d'Argenton; il se rendit sur les frontières de ses Etats, dans un château qui lui appartenait conjointement avec Hugues, sire de Gargilesse.

Près de l'endroit où se joignent le Poitou, le Limousin, la Marche et le Berry, s'étend une sorte de presqu'île élevée qu'un ruisseau entoure presque entièrement de son onde. On dirait que, retenu par la beauté du site, le ruisseau ne peut se décider à s'en écarter ; car, après l'avoir embrassé dans ses contours, il se replie encore pour couler de nouveau vers elle, et ne se détermine enfin à s'en éloigner que contrarié par la rapidité de son cours. Si l'on en croit la tradition, ce n'est pas le site, mais l'effet d'une passion, qui fait que la Beaulieu se comporte ainsi. On dit que le ruisseau Belrio, nommé plus tard Beaulieu, avait conçu un violent amour pour la nymphe Bruxia qui, à cause de son insensibilité, fut changée en rocher, qu'il continua de l'aimer, même après sa métamorphose et il embrasse si étroitement ses pieds, qu'il tourne vers elle sans cesse des regards amoureux. On ajoute que la chevelure de Bruxia, toujours bien soignée, forma les buis toujours verts qui couvrent les flancs de la presqu'île schisteuse sur laquelle s'élève le château de Brosse et son menaçant donjon.

De l'autre côté de la vallée, des coteaux à pentes rapides, font paraître celle-ci comme un énorme fossé du château. Une position si forte et si belle dut fixer dès longtemps l'attention des Gaulois, qui, sur la pointe de la presqu'île, élevèrent une citadelle en carré long, qu'ils isolèrent, selon leur coutume, par une large coupure du rocher. Les Romains, après leur conquête, étendirent les fortifications en les faisant précéder d'une énorme tour ronde placée sur le sommet d'un monticule arrondi, appelé maintenant l'Épaule-de-Mouton, et en pratiquant une seconde coupure encore plus profonde que la première au-devant de ladite tour, qui se trouvait ainsi complètement isolée. Tant à cause de la beauté du lieu que de la protection que lui offrait le fort, un seigneur romain se construisit une villa de l'autre côté de la vallée, et lui donna le nom de Buxiera, qui paraît être un diminutif de Bruxia, comme celui-ci paraît dériver de Buxus, nom latin du buis qui couvre ces coteaux. Peu après, un autre château fut bâti sur un coteau séparé de Buxiera par une petite vallée en ravin, toujours en face de Brosse, et reçut le nom de Castellum novum (château neuf), nom qui montre qu'il est postérieur à l'autre : tous les deux étaient romains.

Plus tard, les seigneurs chrétiens, possesseurs de Brosse, construisirent une chapelle sur la crête extérieure du fossé ; d'autres se trouvant trop à l'étroit dans le château romain, le démolirent pour en faire une habitation beaucoup plus vaste, à deux cours, en avant de la coupure, de sorte que la chapelle se trouva au fond du château, et que sa muraille postérieure fit corps et se continua avec celle de l'enceinte du nouveau château, qui a la forme d'un vaste pentagone, flanqué d'une tour à chacun de ses deux angles postérieurs, et dans la ligne brisée de son front par six tours rondes au milieu desquelles s'élève sur l'angle saillant le gros donjon rond. Cette ligne formidable est encore protégée par une coupure suivant la base des murs et des tours ; les côtés sont sur la crête de pentes très escarpées de quarante et quelques mètres de hauteur. Dans l'intérieur, un mur transversal, auquel sont adjacents les bâtiments d'habitation et une grosse tour carrée, sépare les deux cours. De vastes écuries et des logements pour les soldats en complétaient la puissance. Un puits, dans chaque cour, fournissait de l'eau à la garnison.

C'est dans ce château, réputé imprenable, que se rendit Gérald avec son fils et sa fille. Hugues, sire de Gargilesse, et Henric, son second fils, y étaient déjà, depuis quelque temps, occupés à surveiller les travailleurs qui réparaient les brèches existant aux murailles depuis le siége de 968.

Chaque jour, par leurs ordres, les munitions, les vivres et les défenseurs entraient dans le château, qui se trouva bientôt dans un état de formidable défense. Il était temps, car, de leur côté, les Marchois avaient pris leur précaution, et Boson, qui avait rassemblé une forte armée avec son fils Hélie, ne tarda pas à paraître.

Comme Gérald et Hugues s'attendaient à être attaqués, les habitants de Buxiera et de Chastel-Neuf avaient transporté à Brosse tout ce qu'ils avaient de précieux, et y avaient eux-mêmes cherché un refuge, laissant leurs manoirs à l'abandon.

XII.

Dès le lendemain, au lever de l'aurore, on vit flotter sur les tourelles des châteaux abandonnés les drapeaux du comte de la Marche, et tous les environs se couvrirent de tentes; les échos de la vallée ne retentirent plus, du matin au soir, que du bruit des clairons et des chants de guerre. Boson établit son camp autour de la Bussiera, où il fixa sa résidence; son fils Hélie alla résider à Chastel-Neuf avec ses gens. Après quelques jours de repos, les soldats commencèrent à s'approcher des murailles de Brosse, dont l'élévation n'était pas encourageante. Plusieurs assauts furent inutilement tentés, il était impossible de battre ces fortes murailles, dont les machines de guerre ne pouvaient approcher à cause du fossé qui y mettait obstacle; d'ailleurs, les six tours étaient là avec le donjon qui, comme un homme géant, pouvait seul combattre une armée entière. Quelques assauts furent cependant encore tentés de ce côté; mais un grand nombre d'hommes y périrent, et Boson commença à douter du succès de son entreprise. Il résolut d'empêcher toute arrivée de secours, et de prendre Brosse par famine.

On sait que la place était bien approvisionnée.

On resta donc de part et d'autre dans une sorte d'inaction pendant laquelle les Marchois étendaient leurs ravages sur les villages voisins.

Pendant ce temps, les fêtes de Pâques étant arrivées, Hélie et plusieurs de ses amis demandèrent et obtinrent la permission d'entrer dans la chapelle du château pour y assister à l'office divin. Hugues leur fit seulement donner leur parole qu'ils n'entreprendraient rien d'hostile, et exigea que leurs yeux seraient bandés pour traverser les cours. Le fils de Boson donna très volontiers la promesse demandée, d'autant mieux qu'il n'y voyait rien qui lui défendît d'aspirer au cœur d'Almodis dont il espérait un regard. Depuis longtemps il gémissait de voir chaque matin l'impitoyable château, et de dire : elle est là et je ne puis ni la voir ni lui parler. D'un autre côté, derrière la chapelle s'élève une tour qui protége une porte de sortie sous les remparts inaccessibles de ce côté. C'est sur la plate-forme de cette tour que la mélancolique comtesse se rendait plus souvent qu'ailleurs, sous le prétexte d'y prendre l'air, et afin d'être mieux à même de porter ses regards perçants dans le camp de Chastel-

Neuf et de chercher, parmi les assiégeants campés en face, le jeune chevalier dont les traits et l'allure étaient restés profondément gravés dans son cœur depuis le tournois de Poitiers : correspondance électrique du sentiment, lien charmant, bonheur de l'existence, vous rapprochiez ainsi, à l'insu de tout le monde, ces deux âmes qui semblaient devoir s'ignorer mutuellement.

XIII.

Les volées de la cloche annonçaient la grand'messe lorsque le pont-levis s'abaissa lentement à l'arrivée des chevaliers qui s'avançaient avec le vicomte à leur tête, Hugues sortit lui-même du château, et après les avoir salués, leur banda les yeux.

Hélie ! Hélie ! quel frissonnement s'empara de ton être ; pourquoi ces battements redoublés de ton cœur ? Quel feu brûlant circule dans tes veines ? Ton bandeau est-il la tunique de Nessus ? Non, tu sens qu'il appartient à Almodis, qu'il a reposé maintes fois sur son sein ; tu l'as reconnu pour l'avoir vu à Poitiers le jour de ta victoire, et c'est lui qu'elle t'envoie pour remplacer la couronne qu'alors elle mit sur ta tête.

Hugues, le prudent Hugues remarqua bien la vive émotion de son nouvel hôte, mais en ignorant la cause, il n'en tint aucun compte, et, en prenant le vicomte par la main, il le conduisit à la chapelle, où il le débarassa de son précieux bandeau, et lui permit de voir les princesses agenouillées devant lui et lui tournant le dos.

Le plus grand calme règne dans le lieu saint, deux cœurs seuls battent violemment. Lieux saints, mystères sacrés, hélas ! tout est oublié ; quand tous les fronts s'inclinent vers la terre et que l'âme s'élève vers le Très-Haut, la comtesse tourne légèrement la tête et ses regards rencontrent ceux du chevalier, qui ne les avait pas écarté d'elle un seul instant. Il est des choses qu'on sent et qu'on ne peut décrire. Qu'exprima chacun de ses regards ? Que ressentit chacun des deux amants ? Tous ceux qui ont aimé le comprendront.

XIV.

De retour à Chastel-Neuf, Hélie ne songe plus qu'aux moyens de correspondre avec celle dont il est certain de posséder la tendre affection. Mille idées lui passent par la tête ; il est enchanté de ses découvertes, puis désespère de leur réussite, et pour y rêver plus à l'aise, il va chercher la solitude sous l'ombrage des saules qui bordent la rivière.

Près de là, la mère Matelline lavait le linge de ses petits enfants : protégée par sa pauvreté, habituée chaque jour à voir les assiégés et les assiégeants auxquels elle vendait ses petites denrées sans inspirer de défiance, elle faisait de fréquentes visites au château, traversait le camp sans crainte, et était connue de tous les soldats qui buvaient souvent de son lait et mangeaient ses œufs.

— Bonne mère lui dit Hélie, vous qui allez souvent à Brosse, vous devez connaître la comtesse Almodis?

— Ah! si je la connais, la chère damoiselle, je lui porte tous les jours de la crème, des fleurs et des œufs ; mais elle vous connait aussi, car elle me demande souvent de vos nouvelles. Le bruit courut, il y a quelque temps, que vous aviez été blessé dans le dernier combat ; elle en parut fort affligée, au lieu de s'en réjouir comme les autres.

— Bonne mère, je vous serais très reconnaissant si vous vouliez lui remettre un petit papier de ma part.

— Ah! monsieur, tout ce qu'il vous plaira, mais je ne m'aviserai pas de cela, je serais pendue sur le champ devant la porte, comme l'a été, il y a quinze jours, un petit de notre village qui portait pour je ne sais qui, quelque chose de la part de votre père. On est bien sévère, et il n'y a plus que moi qu'on laisse entrer, parce qu'on sait bien que je ne me mêle pas d'affaires qui ne me regardent pas.

— Mais, puisque les œufs ne sont pas compris dans la défense, vous pourriez bien en donner un de ma part à la comtesse.

— A cela ne tienne, mon beau sire, tout ce qui pourra vous être agréable.

— Seulement, vous ne direz qu'à elle seule que cet œuf vient de moi.

— Pourvu que sire Hugues de Gargilesse, qui est toujours présent, m'en laisse la liberté.

Le comte remonte promptement à Chastel-Neuf, et de son épée, instrument de mort, qui, dans cette circonstance sert l'amour, perce adroitement un œuf, en vide le contenu, y insère un billet et ferme l'ouverture d'une façon si habile avec de la cire blanche, que rien n'en paraît, puis le porte à la mère Matelline, qui promet de le remettre le lendemain matin et emporte le poulet dans sa coque.

XV.

Dès l'aube matinale, Matelline rangea ses œufs dans son panier, avec le petit pot de crème destiné à Almodis, et s'achemina à pas pressés vers le château. A son arrivée, comme de coutume, le pont-levis de la petite porte s'abaissa pour laisser passer la bonne villageoise, que Henric, fils de Hugues, qui remplaçait son père dans ce moment, conduisit aux appartements de la comtesse.

Almodis, en cet instant, était sur la galerie, appuyée contre un des faisceaux d'armes qui décoraient les piliers de l'édifice, et promenait nonchalamment ses regards sur la campagne, que la lumière naissante faisait sortir progressivement du cahos, en donnant à chaque objet sa forme et sa couleur. Dans la crainte de lui déplaire, Henric ne suivit point Matelline dans la chambre de la noble damoiselle, mais resta près de la porte, occupé à contempler les mille sinuosités argentées du ruisseau tranchant sur la verdure encore sombre de ses rives. Son admiration de la belle nature n'eut pas le temps de s'étendre jusqu'à la vapeur grisâtre qui s'élevait de la prairie, car Almodis reconduisit presque sur le champ la mère Matelline d'un air fort satisfait dont il se réjouit bien à tort.

Aucun d'eux ne l'a dit et personne n'a pu savoir ce que renfermait le billet du chevalier, et quelle fut la réponse de la damoiselle; toujours est-il que la fille de Gérald resta sur la plate-forme de la tour de la chapelle beaucoup plus tard que de coutume ; sa voix semblait défier les rossignols nombreux qui charmaient la vallée de leurs chants, que les échos répétaient à l'envi, et que sur la pente du coteau qui porte Chastel-Neuf, on aperçut une sorte d'ombre qui circulait d'une manière singulière.

Enfin l'heure du repos arriva, le silence et le sommeil étendirent leur empire sur les assiégeants et les assiégés, qui ne méditant et ne craignant aucune attaque, s'abandonnent paisiblement à leurs douceurs ; les vigies mêmes ne pouvant résister à leur influence et au murmure monotone du ruisseau, enchantés d'un autre côté par les roulements harmonieux de Philomèle, laissaient tomber, sans s'en douter, leurs paupières appesanties. Toute agitation tumultueuse semblait s'être retirée et concentrée dans deux cœurs dont jamais le sommeil n'avait été plus éloigné : qu'ils sont longs les moments de l'attente ! Enfin la vallée retentit douze fois du frémissement du beffroi, heure fatale ! Almodis, qui ne s'était point couchée, écoute, tremble, hésite, puis s'avance d'un pas suspendu vers sa porte, qu'elle entr'ouvre lentement : les deux lampes de la galerie étaient éteintes, elle ne voit que l'obscurité et n'entend que le silence. Aussi silencieuse elle-même que le vol de la chauve-souris, elle descend l'escalier, traverse la cour de derrière, franchit avec précaution l'escalier de la poterne, et se glisse au pied des remparts, dans le fossé, derrière la chapelle. Là, prêtant une oreille attentive, elle entend ce qu'une amante seule peut entendre : un léger frémissement dans les broussailles qui sont à ses pieds. Tremblante, elle s'approche sur le bord du roc escarpé et distingue quelqu'un qui gravissait péniblement, accroché aux inégalités de la roche et aux faibles buis sortant de ses fentes. Les deux amants se touchaient presque, le support infidèle manque, Hélie chancelle et va tomber au fond du précipice ; mais l'écharpe d'Almodis paraît à l'instant à sa portée et fait briller sa frange d'argent que la lune, curieuse de voir une scène aussi intéressante, éclaire en ce moment d'un seul rayon.

Le chevalier la saisit, et bientôt la main de son amie vient au secours du tissu trop faible pour soutenir seul le poids du fils de Boson qui reste suspendu au bras de la princesse couchée au bord de l'abîme. Avec grand'peine fut-il arraché à une mort imminente par la force et le courage de la belle Limousine. Quant à eux, ils ne s'aperçurent même pas du danger qu'ils couraient, le plaisir d'être ensemble absorbait toutes leurs facultés, aussi, pas la moindre exclamation ne vint-elle annoncer aux sentinelles ce qui se passait. Hélie prenant la main tremblante de sa libératrice, la suivait en silence jusqu'au pied de la tour où tous les deux purent en sûreté avoir une entrevue qui ne leur avait pas été possible depuis le départ de Poitiers. Un sentier plus facile, qu'Almodis avait découvert les jours précédents, ramena l'amant heureux au bas de la roche, et lui permit de se rendre aisément au rendez-vous des jours suivants.

XVI.

Hugues et Gérald apprirent que Boson avait demandé des secours qui ne pouvaient tarder d'arriver, et dont il était urgent de prévenir la venue. Ils résolurent donc de s'adresser de suite à leurs amis, Gargilesse et Argenton, et de profiter de l'état de découragement des Marchois. Il fut décidé que Guy et Henric partiraient la nuit même, déguisés en paysans, et afin d'éviter la rencontre des ennemis, sortiraient par la poterne de derrière, en descendant les roches par un sentier presque impraticable. Almodis ayant eu connaissance de cette résolution, trembla que son amant et son frère ne se rencontrassent dans l'étroit passage qu'ils devaient parcourir à peu près vers la même heure ; mais hélas ! comment avertir le vicomte ? il était tard, et toute communication avec le dehors était impossible. L'idée lui vint de confier son message aux zéphyrs, et courant à la tour lorsque le crépuscule commençait à étendre un voile léger sur les environs, elle vit quelqu'un errer sur le coteau opposé, et bien persuadée que ce ne pouvait être qu'Hélie, elle chanta la romance suivante, qu'elle composa à l'instant même, tant l'amour donne d'esprit et de facilité.

Messieurs, c'est cette même romance que ma grand'mère me chantait dans mon enfance pour m'endormir ; je me la suis toujours rappelée, et, si vous le désirez, je puis encore vous la dire avec ma voix chevrotante par l'effet des années ; il y a bien quatre-vingts ans que je l'ai apprise.

Rossignol du bocage,
Toi qui, la nuit, le jour,
Charme le voisinage
Par si doux chants d'amour,
Dans ton gentil langage,
Va dire à mon ami
Qu'il soit prudent et sage,
Et demeure chez lui.

Un funeste présage
Me trouble et me poursuit,
Et je crains le nuage
Qui tout à coup surgit.
Tout annonce un orage :
Il n'aurait pas d'abri.
A demain le voyage
Qu'il devait faire ici.

L'écho répéta quatre fois : « A demain le voyage qu'il devait faire ici. »

Les cordes métalliques de la harpe avec laquelle s'accompagnait Almodis, semblaient doubler la force habituelle de leur son et vibrer comme les fibres du cœur de leur maîtresse. Hugues et son fils, qui avaient écouté la belle voix de la comtesse, la félicitèrent sur la beauté de son chant et l'éclat d'une voix qui joignait la force à la douceur et à la flexibilité.

La soirée se passa dans la chambre de Gérald, où les deux voyageurs rassemblèrent les pièces de leur déguisement, et lorsque Hugues jugea le moment favorable, il leur dit : Nos ennemis environnent le château, la partie la plus inaccessible est seule négligée ; vous pouvez sortir de ce côté, et descendre les roches, quoique avec peine.

La comtesse aurait bien pu leur donner des renseignements bien plus précis sur le sentier qu'ils devaient suivre, mais trouvant les instructions suffisantes pour éviter tout danger à son frère, elle garda le silence, qui devait couvrir le secret de son cœur.

Les deux pères conduisirent leurs fils jusqu'au dehors du château, et, après leur avoir souhaité un bon voyage, ils les embrassèrent ; Guy en fit autant à sa sœur ; Henric ayant voulu l'imiter, Almodis fit un pas en arrière pour l'éviter, et faillit tomber dans le précipice, précisément à l'endroit où, six jours auparavant, à pareille heure, elle avait oublié le soin de sa propre existence, pour sauver celle de son amant.

La porte se referma sans bruit sur les trois habitants du château, tandis qu'au milieu des ronces et des épines, les deux voyageurs descendirent péniblement à côté du sentier que Hugues leur avait indiqué, mais dont ils s'étaient écartés. Enfin, ils parvinrent au bord de l'onde murmurante qu'ils traversent pour remonter de l'autre côté de la vallée avec autant de peines qu'ils en avaient eues pour descendre, tremblant à chaque pas de rencontrer des enfants de la Creuse ; cependant un ravin assez commode les conduisit jusque dans la plaine et derrière le camp des ennemis.

XVII.

Rentré dans le château, Gérald suivit sa fille dans son appartement et lui fit de grands reproches sur la manière peu convenable dont elle venait de traiter Henric, qui lui était destiné, et dont l'union, d'après les conventions des parents, devait avoir lieu aussitôt que la fin de la guerre leur permettrait d'en faire les préparatifs. Almodis se doutait, depuis quelque temps, des intentions de son père ; mais elle était loin de penser que les paroles étaient déjà données de part et d'autre, et qu'elle fut, en quelque sorte, mariée à Henric qu'elle détestait, dans lequel elle ne trouvait d'un gentilhomme que le nom, et dont même elle se moquait fort souvent, à cause de son ignorance et de sa bêtise. Elle pria son père d'attendre quelques années, jusqu'à ce qu'elle fut décidée à prendre un époux. Mais, Gérald déclara que ses engagements étaient sacrés, et que telle était sa volonté. A ces mots, Almodis se tut, Gérald se retira et sa pauvre fille chercha en vain un sommeil qui s'éloigna de ses paupières ; la nuit lui parut éternelle, le jour encore plus long ; enfin, le soir lui permit de monter, comme de coutume, sur la tour, et là, elle chanta :

> Quand son amant se faisait trop attendre,
> Héro jadis au bord de l'Hellespont,
> Chantait ainsi : s'adressant à Léandre
> Bravant les flots sur l'abime sans fond :
> Hâte-toi de venir, seul espoir de ma vie,
> Trop loin de toi, je souffre sans te voir.
> Reviens, reviens auprès de ton amie,
> Reviens, reviens ! elle t'attend ce soir.
>
> Victime, hélas ! d'une crainte mortelle,
> En tristes nuits se changent mes beaux jours,
> Entends la voix de mon cœur qui t'appelle,
> A cette voix le tien serait-il sourd ?
> Hâte-toi de venir, seul espoir de ma vie,
> Trop loin de toi, je souffre sans te voir.
> Reviens, reviens auprès de ton amie,
> Reviens, reviens ! elle t'attend ce soir.

Ces paroles étaient trop significatives pour le fils de Boson, qui ne manqua pas de se rendre au château ; Almodis, qui avait déjà ouvert la porte et l'attendait, s'empressa de l'instruire des exigences de son père, de ses chagrins, de ses craintes, de ses alarmes et de sa résolution bien prise de résister. Malgré toutes ces promesses, le chevalier craignait toujours qu'elle ne finit par obéir à Gérald et ne l'abandonnât ; Almodis s'en étant aperçue, le prit par la main, en lui disant : Viens, mon cher Hélie, puisque tu doutes encore de ma constance, viens ; et, en même temps, elle l'entraîne dans la cour, jusqu'à la porte de la chapelle qu'elle entr'ouvre avec précaution, et ils y entrent, à la lueur faible et intermittente que jettait, de temps à autre, la petite lampe destinée à l'éclairer. La fille de Gérald s'avance vers l'autel, et, levant les mains au ciel : Dieu tout puissant, dit-elle, devant ta face, dans ce saint lieu, au pied de tes autels, je jure de n'aimer et de n'épouser d'autre chevalier qu'Hélie de Boson, mon bien-aimé ; si je manque à mes serments, que ta vengeance s'appesantisse sur moi, jusqu'à la fin des siècles. — Charmé de ces paroles, Hélie s'écrie, à son tour : Et moi je jure de n'aimer jamais que ma chère Almodis ; puis, la serrant contre son cœur, à jamais, à jamais, ma chère Almodis sera ma bien-aimée. — Partout et toujours je ne veux vivre que pour toi, répond la comtesse.

Mille tendres baisers célèrent cette union, au milieu des torrents de larmes qui inondèrent leurs joues.

Excusez-moi, messieurs, si je m'interromps, je ne puis jamais raconter cette scène sans pleurer. Toutes les fois que j'entre dans les ruines de la chapelle, il me semble voir leurs ombres s'embrasser encore. Après une pause et une prise de tabac, le père Léonard continue :

XVIII.

Nos deux jeunes gens, plus heureux et plus tranquilles, tombèrent dans l'abattement qu'occasionne une trop grande plénitude de félicités. Lucifer paraissant au bord oriental de l'horizon, annonçait l'arrivée de l'aurore et les força de se séparer. Le fils de Buson descendait lentement le sentier qui serpente dans les rochers, l'esprit et le cœur trop occupés de ce qui venait de se passer, pour s'apercevoir que quatre hommes venaient rapidement et en silence par le même chemin! Il ne connut leur présence que lorsque l'un d'eux lui dit à demi-voix, en le touchant :

— Qui va là? Venez-vous à notre rencontre? Est-ce Hugues ou Gérald qui vous envoie?

Hélie, sortant tout-à-coup de son état extatique, et semblable à l'homme que le réveil surprend au milieu d'un songe enchanteur, ne savait que répondre, et son silence le rendant suspect aux arrivants, celui qui passait le premier dit aux autres :

— Saisissez-vous de cet homme, qu'on le garrotte et qu'on l'amène au château, où on lui demandera compte de sa présence en ces lieux et de son silence obstiné.

Aussitôt notre infortuné est forcé de remonter avec ses gardiens.

Guy, de retour plus tôt qu'on ne croyait, frappe doucement à la porte qui est vers le milieu de la muraille et destinée aux sorties en cas de besoin. Au sévère « Qui vive! » il répond : « Fils de Gérald, » et aussitôt Hugues, gardien des clefs, est mandé et s'empresse d'ouvrir aux voyageurs, qui commencent par remettre entre ses mains l'inconnu qu'ils venaient de rencontrer. Le sire de Gargilesse voulait s'instruire de son nom, de son pays et des motifs de sa présence à pareille heure aussi près du château; mais Guy lui observa que des choses plus pressantes allaient l'occuper, que le lendemain on pourrait faire toutes ces questions. Aussitôt il fut décidé qu'en attendant on allait le mettre au cachot.

Au fond du donjon est une sorte de cave à voûte hémisphérique, à peine éclairée par une fenêtre très étroite donnant dans la cour du château; c'était là le lieu désigné. Hélie, encore tout étourdi de cette aventure, n'avait pas proféré une seule parole, et suivait machinalement ses gardiens qui le conduisirent au pied du donjon. Dans un massif de maçonnerie s'ouvre une petite porte cintrée qui le fait pénétrer dans une sorte de petit puits, où il n'est pas plus tôt entré qu'il se sent élever et se trouve au même instant sur la plate-forme du massif où s'ouvre la grande porte d'une salle vaste, sombre, à voûte, à six pans; à peine arrivé au milieu on lève devant lui une lourde trappe qui découvre un trou circulaire par lequel, au moyen d'un panier suspendu à la voûte par une corde, il est descendu dans le cachot où deux de ses gardes l'attachent solidement à un gros anneau de fer scellé dans la muraille; puis sans lui adresser la parole ils remontent dans le panier. Il entend sur sa tête retomber avec fracas la lourde trappe sur laquelle retentit le bruit de deux énormes verroux. Ainsi est traité l'un des plus vaillants chevaliers de l'armée de Boson, sans avoir même pu opposer la moindre résistance. Il ne peut s'expliquer cette fatale rencontre, il ne peut croire à une trahison, ni à la perfidie d'Almodis qui venait de lui donner une si grande preuve de tendresse. Ignorant tout ce qui se passait, son esprit se confondait en mille conjectures ; tout lui semblait devoir être calme dans le château, et cependant il entendait le bruit sourd de pas précipités. Il ne se trompait pas, tout était en mouvement dans Brosse, et quoiqu'il fît encore nuit tout le monde était sur pied.

XIX.

Guy s'empressa de raconter son voyage à Hugues, et de lui apprendre qu'à son arrivée à Gargilesse il avait trouvé une troupe qui se préparait déjà à partir pour aller à Argenton prendre les secours que son oncle Geraud, seigneur du château, avait accordé, et qu'étant parti avec elle pour cette dernière ville il y avait vu une armée entière animée du meilleur zèle pour secourir Brosse, et qu'après avoir complimenté les chefs sur leur ardeur, il s'était empressé de revenir pour prévenir les assiégés qu'à la pointe du jour les troupes de Boson seraient attaquées de tous côtés. A cette heureuse nouvelle, Hugues sentit bouillonner dans ses veines tout le feu de sa première jeunesse ; Gérald est éveillé sur le champ, tous les officiers sont prévenus et parcourent les tours et les logements pour prévenir les soldats de ce qui se passe.

— Sus ! sus ! disait le vieil Hugues ; amis de votre pays, levez-vous en silence, que chacun prenne son déjeûner, afin d'en pouvoir donner un d'une autre nature à nos ennemis, prenez des forces pour en faire aujourd'hui une complète déconfiture, mais surtout pas de bruit.

Trois nouvelles vigies sont placées sur le donjon pour prévenir aussitôt qu'elles s'apercevraient de l'attaque du camp des Marchois. L'armée se dispose et est prête à marcher, l'espoir brille sur toutes les figures, l'arrivée de frères déterminés redouble tous les courages qui frémissent dans l'impatience de l'attente.

D'un autre côté, conduites par Ratangus, Rodrie, Ornitorie et Copprie, les troupes de Gargilesse et d'Argenton s'étaient, comme il avait été convenu, mises en marche vers le coucher du soleil, afin que la nouvelle de leur départ n'eut pas le temps d'arriver jusqu'au camp des Marchois. La nuit les prit en chemin et elle étendait ses voiles sur toute la nature, lorsqu'ils arrivèrent à une petite ville jadis nommée Salis et plus tard St-Benoit, du nom du patron d'un couvent qui s'y était établi. La réputation du saint était alors en grande faveur et il n'était question que des prodiges qu'il faisait et des secours qu'il accordait à ceux qui l'imploraient, secours d'autant plus efficaces, qu'on avait pu obtenir du pain, du vin et du lard des moines du monastère. Aussi à peine arrivés, tous les soldats coururent-ils à la porte du couvent, éveillèrent les moines en les priant de leur donner de leur pain et de leur vin, bien persuadés que s'ils en obtenaient, saint Benoît les prendrait sous sa protection et qu'ils reviendraient tous vainqueurs et sans la moindre blessure. Une ample distribution fut faite à toute l'armée qui passa une partie de la nuit dans la cour et le cimetière du couvent et les places et rues de la ville qui en était encombrée. Cette halte fut donnée aux troupes pour les faire reposer et attendre le moment favorable d'aller à Brosse, afin que le jour put éclairer la victoire; les moines encouragèrent les soldats et leur promirent une victoire complète.

Sans perdre un seul instant, des émissaires furent envoyés dans toutes les campagnes voisines pour faire lever en masse les paysans, qu'on savait avoir beaucoup à se plaindre de toutes sortes de vexations de la part des Marchois, et bien disposés à courir sus. Chacun avait une insulte à venger et l'espoir de les piller à son tour.

La plupart des habitants de Saint-Benoît et la garnison se joignirent à la petite armée, qui se mit en marche une heure avant l'aurore. Ces derniers avaient pour chef Rinaldus, dont la bouillante valeur pouvait à peine se contenir, et dont l'aspect seul était capable de mettre l'ennemi en fuite; des cheveux et une barbe immenses, du noir le plus foncé, ne laissaient percer dans leur énorme épaisseur que des yeux flamboyants et la pointe de son nez. Bernardus et Plagis-Notus commandaient les troupes irrégulières qui devaient battre la campagne.

Il fut convenu que ces deux derniers, avec leur troupe qui connaissait parfaitement les localités, prendraient le chemin de Passebonneau, se jetteraient dans la forêt du Pontausier qui s'étendait jusqu'auprès de Chastelneuf et de la Buxière, rallieraient tous les paysans qui viendraient de ce côté, tiendraient tout le terrain qui s'étend aux vallées du Langlin et du Belrio, en fermant toute retraite aux fuyards qui voudraient se réfugier dans la forêt, et que les autres traverseraient la vallée de Langlin sur tous les points franchissables entre Saillant et la grange Micé, en s'appuyant, à gauche, à la forêt du Pontausier, et à droite, au corps que Rinaldus devait conduire vers le confluent des deux rivières dans les environs de Chaillac.

Toutes ces mesures furent tellement bien prises que, malgré l'ardeur belliqueuse des combattants qu'on avait peine à contenir, l'armée entière arriva sans avoir été remarquée au camp de Boson qui dans ce moment, séduit par un songe trompeur, croyait entrer triomphant dans la première cour du château de Brosse, au milieu d'un amas de décombres et de cadavres et recevoir la soumission des assiégés.

XX.

Les assiégeants, tranquilles et sans défiance, dormaient du plus profond sommeil au milieu d'un grand silence, quand tout-à-coup l'air retentit des cris, mille fois répétés : « Aux armes ! aux armes !

voilà l'ennemi ! » mais déjà Rostangus et les siens étaient au milieu des Marchois, portant de tout côté des coups d'autant plus terribles que personne n'était en défense, telle une troupe de loups affamés ayant pénétré dans une bergerie, étrangle et tue tous les moutons glacés de terreur, tels les soldats de la Basse-Creuse font un carnage horrible de ceux qui étaient nés près de sa source. Le tumulte et le fracas des armes fut bientôt arrivé au château de La Buxière où Boson éveillé en sursaut, s'élance de son lit, revêt ses armes à moitié vêtu et court dans le camp où, continuant avec fureur le massacre de ses soldats, dont les uns périssent dans leur lit, et les autres en étant à peine sorti ; à peine si quelques-uns réunis autour du seigneur d'Aubusson tentaient une défense inutile et une résistance impuissante, tous succombaient, et malgré des prodiges de valeur, leur chef intrépide subissait le même sort. Lorsque le comte arriva à leur secours, il était trop tard. Entouré de ses amis dévoués, Boson ne tente plus une défense, mais combat encore seulement pour avoir une retraite et s'échapper.

Au bruit de l'attaque, Guy, à la tête des plus agiles de ses compagnons de la garnison, se précipite et roule comme un torrent du haut du coteau de Brosse et s'empare de la petite vallée qui sépare La Buxière de Chastel-Neuf afin d'isoler Hélie qui occupait ce dernier château et où ses soldats appelaient en vain leur général et cherchaient en désordre à se rendre au camp de Boson. Ces soldats voyant leur retraite coupée par Guy, suivent la rivière et se rencontrent avec une autre troupe de Marchois cherchant également leur salut en remontant le ruisseau, et ne se reconnaissant pas s'entretuent avec l'acharnement du désespoir. Gérald, sorti du château de Brosse avec presque toute la garnison, arriva pour assister à la mort des derniers qui n'offrirent aucune résistance à ses soldats, lorsque les premiers rayons de l'aurore vinrent faire reconnaître l'erreur dans laquelle les Marchois étaient tombés, et éclairer les monceaux de cadavres qu'encombraient le lit du Belrio, dont les eaux sanglantes ne pouvaient plus couler.

Pareille méprise faillit arriver à Rinaldus, qui n'apercevait pas les fuyards, et qui ne pouvant retenir son impatience s'avançant toujours, allait attaquer Gérald et Hugues. Ceux de Brosse les prennent pour des ennemis ; mais Gérald ayant reconnu ses alliés, fit pousser le cri de Vive saint Benoît ! A ce nom révéré, les soldats de Rinaldus baissèrent leurs lances et retinrent leurs coursiers. Pendant ce temps, Guy, rapide comme l'éclair, s'était porté vers le château de La Buxière, à peine défendu par une poignée de serviteurs qui ne firent aucune résistance. La maison retentissait des plaintes et des cris des femmes d'Emma, fondant elle-même en larmes, qui se changèrent en sanglots à la vue du jeune guerrier, dont l'aspect n'avait pourtant rien de farouche. Un sentiment plus tendre que celui qu'inspire la victoire semblait respirer dans ses traits ; aussi la princesse trouva-t-elle en lui plutôt un protecteur qu'un vainqueur, car après l'avoir rassurée en peu de mots, il lui fournit une escorte pour l'accompagner et aller de suite au château de Brosse rejoindre la comtesse Almodis, avec qui elle s'était liée d'amitié à Poitiers. Quel spectacle pour l'infortunée damoiselle, encore plus affligée de la mort de son père et de son frère, qu'elle croyait perdus, que de la perte de la bataille.

XXI.

Le petit corps rallié par Boson se défendait avec vigueur, et tentait une retraite du côté de Chaillac, parce que ce côté ayant été abandonné par Rinaldus, offrait moins de difficultés; mais, près de là s'avançait Ornitorix, surnommé Duplex-Brachium, surnom donné à ce guerrier à cause de la rapidité de ses coups, qui paraissaient portés par un bras double. Originaire de Saint-Gaultier, son caractère aventureux lui avait fait parcourir l'Italie et l'Allemagne, il s'était trouvé à presque toutes les batailles livrées dans ces pays. Ramené dans sa patrie, il saisissait encore avec avidité toutes les occasions de montrer son courage. Il fut un de ceux qui se précipitèrent en avant du seigneur de Crozant pour l'arrêter. Resté presque seul de tous ses compagnons écrasés sous le nombre des assaillants, qui se serraient de tous côtés en formant autour de lui une haie infranchissable, chacun s'empressait contre le comte de la Marche. Ornitorix brisa le cimier de son casque, Boson riposta par un coup tellement fort que son glaive se brisa en achevant de fendre en deux le bouclier de son adversaire, qui portait sur un champ de gueules une double dextrochère armée avec la légende duplex brachium, de sorte qu'un seul bras reste sur la moitié avec la première syllabe de chacun des deux mots formant Du Brac, nom qui lui fut donné par ses camarades, et qu'il conserva dans la suite ainsi que sa famille. Boson, sans casque, sans cuirasse et sans armes, ne peut plus espérer de salut que dans la vitesse de son cheval, qui l'emporta comme l'aquilon fougueux qui se joue avec la feuille desséchée. Tous les chefs s'étaient portés de ce côté, n'ayant plus rien à faire ailleurs. Rinaldus, Plagis-Notus, Guy, Gérald, frémissent de colère de ne pouvoir le frapper ou être séparés par la foule. Enfin ils sont obligés de tempérer leur courage, qui devient inutile faute d'ennemis à combattre. Tous avaient péri; leurs cadavres couvraient la plaine et remplissaient la vallée. Le soleil, à son lever, ne trouva plus d'armée marchoise campée près de La Buxière. Les chefs se félicitaient mutuellement; on permit aux soldats de prendre tout ce qu'il y avait dans le camp. Le château de Brosse, épuisé par un long siége, ne pouvait offrir que quelques rafraîchissements aux chefs, que Hugues de Naillac, qui était resté avec les invalides, leur offrit avec grande joie. Il fut décidé que la troupe partirait de suite pour Saint-Benoît, et des envoyés furent dépêchés dans tous les villages voisins pour engager les habitants à transporter de suite dans cette ville toutes les provisions dont ils pourraient disposer.

XXII.

C'était merveilleux à voir que tous les chemins remplis d'une foule mouvante, entremêlée de charriots, de bêtes de somme, transportant pain, tonneaux, volailles, cochons et veaux, que les gens saignaient, écorchaient ou plumaient, et dépeçaient pour qu'ils fussent préparés à leur arrivée. Tout le monde était si content d'être débarrassé des Marchois, que chacun, pour en témoigner sa reconnaissance, porta tout ce qu'il pouvait : le village de Chaigné fournit, lui seul, douze pièces de vin.

Quoique l'armée fût nombreuse et qu'il y eût beaucoup de curieux, comme c'est l'ordinaire, il y eut à manger pour tous. Les rues de Saint-Benoît furent transformées en salles à manger, et toutes les maisons en cuisines. Deux tables surtout furent remarquables par leur grandeur : une s'étendait de la porte du Brumalie à la porte Saint-Michel, et l'autre, de cette dernière, à la tour Bonivet. Ces deux tables étaient triples et en formaient réellement six. On dit qu'il fut bu deux cents barriques de vin. A la suite du repas commencèrent les chants joyeux, dans lesquels saint Benoît ne fut pas oublié. Pas un des soldats n'avait reçu la plus légère blessure, ainsi qu'il leur avait été promis au nom du saint. Quelques personnes prétendaient même l'avoir vu dans les airs pendant l'action avec sa bannière flottante, et frappant les Marchois.

Vers les deux heures de l'après-midi, les secours d'Argenton, de Gargilesse et autres reprirent le chemin de leur pays après avoir embrassé leurs amis, et, pendant toute la route, ils chantèrent des cantiques en l'honneur de saint Benoît ; la plupart ont été perdus, un seul nous a été conservé. Les ménestrels qui l'avaient composé, avec l'aide des moines de Saint-Benoît, qui passaient pour en être les véritables auteurs, marchaient les premiers en chantant chaque couplet, dont le refrain était répété par toute l'armée, avec une telle force, que de Saint-Benoît on entendait encore les chants lorsque les troupes rentraient dans le château d'Argenton.

Cantique en l'honneur de saint Benoît.

Le fier Bozon désertant ses montagnes,
Dans son orgueil, bercé d'un fol espoir,
De ses soldats inondait nos campagnes,
Voulant sur nous étendre son pouvoir ;
Mais ils sont tous couchés dans la poussière,
Par saint Benoît ils sont tous abattus,
Leurs corps sanglants, dans la plaine étendus,
Engraisseront les champs de La Buxière.
   Honneur, honneur, à saint Benoît !
   Qui nous a donné la victoire.
   Honneur, honneur et gloire,
   Honneur, honneur, à saint Benoît ! *(bis)*

Ah ! trop longtemps aux environs de Brosse,
Nous l'avons vu planter ses étendards
Et menacer, de ses clameurs féroces,
L'honneur constant de ses puissants remparts ;
Mais ils sont tous, etc.

De ses soldats l'armure meurtrière
Etincellant en reflets radieux,
Ne pourra plus ravir à la lumière
Le vif éclat qu'elle apporte des cieux ;
Car ils sont tous, etc.

Maître chez nous, ce chevalier superbe,
Nous insultait et pillait nos hameaux.
Et dans nos champs, nos grains comme notre herbe,
Ne nous servait qu'à nourrir ses chevaux ;
Mais ils sont tous, etc.

Sur la montagne, où se plaît la bruyère,
Ou dans les prés, sur le bord du ruisseau,
Dorénavant la craintive bergère
Peut sans danger surveiller son troupeau ;
Car ils sont tous, etc.

Dès le lendemain de leur retour, les guerriers d'Argenton, pour témoigner leur reconnaissance au glorieux saint Benoît qui les avait tant protégés, commencèrent les fondations d'une chapelle qu'ils résolurent de lui dédier et qu'ils élevèrent au bas du château, sur le bord de la Creuse. C'est cette même chapelle qui porte encore le nom d'église de Saint-Benoît.

XXIII.

Emporté par son cheval, Boson errait à l'aventure. Enfin, se voyant échappé à ses ennemis, il pensa où il pourrait se réfugier.

Près de Chaillac, un petit manoir servait de résidence à un modeste gentilhomme, originaire de Condom, par conséquent de la connaissance du comte de sa province. Ce sire de Condom s'étant fixé sur un rocher avait nommé son petit castel Roche-Condom, que plus tard, par corruption, on désigna sous le nom de Roche-Gaudon. Ennemi des guerres intestines, il avait, mais inutilement, fait tous ses efforts pour maintenir la paix entre son ancien suzerain et son nouveau, dont il relevait en ce moment.

Boson dirigea sa course de ce côté, et arriva ventre à terre à la porte du petit manoir, où tout le monde dormait encore. Pendant que les domestiques se levaient, le cheval exténué de l'excès des fatigues occasionnées par la rapidité de sa course, tomba raide-mort auprès de son maître. Le sire de Roche-Gaudon, Robert de Salagnac, et ses gens ne pouvaient revenir de la surprise que leur causait la venue du comte de la Marche dans l'état où ils le voyaient. Son ancien ami soupçonna bientôt quelque grand malheur arrivé à l'infortuné seigneur, il s'empressa de le faire entrer dans sa chambre et se fit raconter brièvement les événements de la matinée.

— Mon cher comte, reprit-il à son tour, vous n'avez pas droit d'accuser la fortune des malheurs qui vous arrivent, c'est vous-même qui vous les êtes attirés ; j'ai fait tout ce que j'ai pu pour vous détourner d'entreprendre cette guerre injuste et entretenir la bonne harmonie entre vous et vos voisins, vous avez fermé les oreilles aux conseils de la prudence et de la justice, et c'est là le sort réservé à tous ceux qui marcheront sur vos traces. Mais ce n'est point ici le moment de vous faire de la morale ; reposez-vous chez moi, vous y serez en sûreté, car, ami des seigneurs de Brosse, ils n'entreprendront rien contre vous tant que vous serez ici, et je suis assez estimé dans le pays, pour que personne ose violer mon château. Voyons, un peu, s'il n'y aurait pas encore quelque chose à faire pour vous :

— Rien, répond le châtelain de Crozant ; mes enfants sont probablement morts et mon armée anéantie, il ne me reste plus qu'à mourir aussi, moi !

— M'autorisez-vous à aller faire des propositions de paix de votre part ? Voyons, que faut-il faire ?

— Tout ce que vous voudrez.

— En ce cas, mettez-vous au lit, et tâchez de reposer, pendant que je me rendrai auprès de mes amis Hugues de Naillac et Gérald, pour que nous réglions vos affaires ensemble.

Pendant qu'on préparait un cheval pour le sire de Roche-Gaudon, son ami posa les lambeaux de vêtements qui le couvraient encore, lava le sang dont il était couvert ; les laquais pansèrent deux blessures légères qu'il avait reçues, et ensuite il se plaça dans le lit de son ami.

Salagnac fut bientôt sur la route de Brosse ; tous les chemins étaient remplis de gens cherchant des Marchois, et, étonnés de ne pas en voir, le bruit de la victoire s'était promptement répandu, mais personne ne savait encore que Boson seul s'était échappé.

Hugues de Naillac reconduisait les héros d'Argenton, lorque sire Robert arriva devant la porte du château, les deux amis se serrèrent tendrement la main. On entra dans la grande salle, où Gérald et Guy cherchaient à consoler Emma, qui était fort affligée ; la vue de Salagnac lui fit concevoir quelque espérance qui se réalisa lorsqu'il lui dit que son père vivait et qu'il venait de sa part proposer la paix ?

— Nous ne demandons que cela, s'écria Hugues ! Mais il est bien forcé de le faire, puisqu'il ne peut plus continuer la guerre.

— Hé bien ! dit Gérald, sage seigneur de la Roche-Gaudon, nous nous en rapportons à vous ; vous avez notre confiance et notre amitié, réglez tout selon que vous le croirez convenable.

— J'accepte, mes seigneurs, nous voici d'abord tous amis, j'arrangerai plus tard les différends, puisque j'ai plein pouvoir des deux côtés.

— Mon père n'est donc pas mort, s'écria Emma ?

— Non, ma chère enfant, lui répondit Robert ; seulement, il est très-fatigué, et il faut espérer qu'il s'en remettra.

— Et mon frère ?

— Votre père m'a dit qu'il croyait qu'il avait été tué dans la bataille.

Emma fondit en larmes.

— Puisque la paix est faite, dit Guy, il faut maintenant nous occuper de l'homme que nous avons rencontré hier sur les rochers, et qui, je pense, devait être un espion des Marchois.

— Messire, dit Emma, nous avons perdu tous nos compatriotes, si quelqu'un survit encore, je crois que messire de Salagnac, qui a tous les pouvoirs, voudra bien lui faire grâce.

— Est-ce vrai? dit celui-ci; quels que soient les torts ou les fautes de cet individu, je ne puis, ma chère Emma, vous refuser sa grâce.

Tout le monde applaudit, et Hugues s'empressa d'envoyer chercher le prisonnier, qui pensa qu'on l'amenait pour le juger, ignorant tout ce qui s'était passé. Quelle ne fut pas sa surprise, à son entrée dans la salle, lorsque le vieux Salagnac lui dit :

— Enfant de la Marche, on vous accorde votre grâce, à la sollicitation de cette aimable personne, que vous devez remercier.

En parlant ainsi il montrait du geste Emma, qui n'eut pas plutôt vu Hélie, qu'elle pousse un cri et se jette dans ses bras en disant : Mon frère !

Tous les assistants poussèrent un cri de surprise, car personne n'avait pensé que ce prisonnier fut le fils de Boson. Emma resta longtemps dans les bras de son frère qui n'osait demander des nouvelles de leur père; mais Almodis, que la bienséance empêchait de faire comme Emma, s'empressa de rassurer son ami, dont elle avait pénétré la pensée, et lui dit que Boson était en sûreté au château de Roche-Gaudon.

Guy embrassa aussi son ami, et lui demanda pardon de ne l'avoir pas reconnu sur les rochers dans la matinée. Les deux jeunes gens, naguères ennemis, se firent beaucoup d'amitiés, car la guerre n'avait pu détruire l'estime qu'ils s'étaient mutuellement inspirée depuis leur entrevue à Poitiers.

— Messires et nobles dames, leur dit Robert de Salagnac, puisque nous sommes tous d'accord, permettez-moi d'aller revoir mon ancien ami, lui apprendre que son fils et sa fille sont ici et l'engager à y venir aussi, lui, pour cimenter la paix que je viens de faire; vous, jeunes gens, restez à Brosse, vous y êtes avec de braves et loyaux seigneurs qui vous reçoivent avec plaisir.

Hugues et Gérald confirmèrent l'invitation que Salagnac venait de faire en leur nom; Hélie le trouvait trop agréable pour le refuser, et Almodis, pour plus d'un motif, eut bientôt vaincu la répugnance d'Emma pour s'y décider.

XXIV.

La tranquillité étant rétablie dans tout le pays de Saint-Benoît, les moines de cette dernière ville s'occupèrent d'enterrer les morts. Avec la permission des seigneurs de Brosse, ils réunirent tous les laboureurs du voisinage, firent creuser des sillons très profonds dans lesquels on étendit tous les cadavres en long, et avec la terre on les recouvrit. Ce pieux devoir rempli, ces saints pères, qui postulaient depuis longtemps l'exemption de certaines redevances qu'ils payaient à Brosse, pour les propriétés qu'ils avaient dans la châtellenie de La Châtre, relevant de la vicomté, pensèrent que l'occasion était favorable pour renouveler leur demande, et députèrent deux moines de leur monastère vers Hugues et Gérald. On choisit pour cette ambassade le frère Baroldus, prévôt de la maison, et le docte Amoïnus, qui passait, à juste titre, pour le plus instruit de la communauté.

Montés chacun sur sa mule, les deux bons religieux, tantôt priant, tantôt conversant, s'acheminèrent vers Brosse, où ils entrèrent à cheval, la grande porte n'ayant pas été fermée et le pont-levis relevé depuis l'avant-veille, jour de la bataille. Gérald et les jeunes gens étaient sortis.

Les deux pères étant descendus de leurs montures, les confièrent à un laquais, qui les attacha à la boucle près de la porte de l'écurie, encombrée en ce moment des lits où avaient couché les soldats, et gagnèrent l'escalier de la grande galerie sur laquelle donnait la porte de la chambre du sire de Gargilesse, qu'ils trouvèrent au lit, par suite des fatigues du siége. Sa femme, Hermangarde, dont la belle figure et l'esprit faisaient oublier l'âge, assise au chevet, trompait par son aimable conversation l'ennui d'un repos forcé.

A leur entrée, la noble dame se leva pour s'avancer à leur rencontre et les pria de s'asseoir. Après les compliments d'usage, le prévôt vanta beaucoup les services signalés que saint Benoît avait rendu aux seigneurs de Brosse et exposa le sujet du voyage.

Hugues leur promit une réponse après qu'il aurait consulté Gérald ; ensuite Hermangarde questionna ces messieurs sur leur maison, sur son ancienneté, les détails de sa fondation.

Aymoïnus répondit à toutes ces questions, qui ne suffisaient pas pour contenter la curiosité de l'aimable dame, qui le pria de lui raconter l'histoire entière du monastère et de la ville.

— Noble dame, dit Aymoïnus, je puis vous satisfaire, puisque vous voulez bien avoir la complaisance de m'écouter.

— Docte abbé, j'ai entendu parler de vos connaissances, et je vous assure que ce sera un grand plaisir pour messire de Naillac et pour moi d'entendre de votre bouche le récit que vous avez la bonté de nous faire.

XXV.

— Messire et noble dame, je vais avoir l'honneur de vous répéter ce que j'ai entendu dire. La chose remonte un peu loin, mais n'importe ; je n'en prends rien sur mon compte.

Vous n'ignorez pas qu'après la prise de Troie par les Grecs, Enée, sauvé par miracle du massacre de ses compatriotes, rassembla les restes échappés au fer inexorable des soldats d'Ulysse et d'Agamemnon, s'embarqua avec eux, cherchant une terre hospitalière pour y poser leurs pénates ; que l'orage suscité par Éole, à la prière de Junon, ayant dispersé la petite flotte, une grande partie fut jetée sur les côtes africaines, non loin de Carthage, et que trois vaisseaux ne furent pas retrouvés et passèrent pour avoir péri.

— Docte abbé, nous savons tout cela, mais je ne vois pas quel rapport il peut avoir entre Énée et votre couvent.

— Attendez, noble dame, vous le verrez plus tard. Ces trois vaisseaux ne périrent pas, comme on l'avait cru ; poussés par le vent, ils vinrent échouer sur les côtes de la Gaule, où les malheureux Troyens furent bien accueillis par les habitants de ces contrées encore barbares ; mais, un peu plus tard, craignant d'être assujétis par ces étrangers, il les prièrent d'aller plus loin, sous peine de s'en défaire en cas de refus. Ainsi errants pendant trois années sous la conduite de deux chefs, Lemovix et Pictavix, les Troyens parcoururent une partie des Gaules, et vinrent enfin dans le centre du pays où les uns, dégoûtés des voyages, voulurent se fixer ; les autres, au contraire, désiraient rencontrer un sol plus fertile, et poursuivre encore jusqu'à ce qu'ils l'auraient trouvé. Lemovix fut de l'avis des premiers et fonda une ville dont messire Gérald est actuellement le vicomte. Les autres, sous la conduite de Pictavix, allèrent jusqu'aux rives du Clain où ils commencèrent l'antique capitale des comtes du Poitou. Dans le trajet, la troupe, excédée de chaleur et de fatigues, rencontra une vallée qui causa d'abord une grande frayeur aux fugitifs, qui se crurent en Thessalie et dans la fortunée vallée de Tempée. Au milieu d'une prairie formée d'un fin gazon, un ruisseau roulait en serpentant ses eaux argentées. De chaque côté, des bosquets de bouleaux au tronc élevé et de la couleur de la neige, au feuillage pendant et ondoyant au gré du zéphyr, formaient d'épais massifs retentissant du chant mélodieux d'oiseaux aux mille couleurs, qui de temps en temps venaient se désaltérer dans le pur cristal. Ce calme et ces frais ombrages engagèrent les Troyens à y chercher un refuge contre l'ardeur dévorante du soleil de midi ; aussi, s'empressèrent-ils d'y faire une halte pour y dormir. Le seul, Salis, habitué à étudier les pays où il passait, s'éloigna de la troupe pour se livrer à ses observations ordinaires, et finit par s'arrêter et prendre du repos. Soit l'effet de la fatigue, soit le charme de ces lieux, le sommeil s'empara bientôt de lui pour ne le quitter qu'au moment où le soleil, moins ardent, va bientôt s'enfoncer sous l'horizon. Salis se hâta de regagner l'endroit où il avait laissé ses compagnons, mais, hélas ! ils en étaient partis sans laisser d'indices qui pussent faire suivre leurs traces. Salis erre quelque temps aux alentours, revient au même point, s'en écarte, y revient encore, appelle en vain. L'écho seul répète ses cris, d'autant plus sensibles que le silence commençait à régner dans le vallon, tandis que le soleil, de ses derniers rayons, jetait une teinte rougeâtre sur les blanches écorces des bouleaux qu'ils éclairent horizontalement en pénétrant au plus profond de la forêt. N'espérant plus rejoindre ses compagnons, il se décida à suivre un sentier peu fréquenté qu'il croit reconnaître ; à ses yeux se présenta une jeune fille à la blonde chevelure bouclée et aux yeux de la couleur de l'azur du firmament.

— 31 —

Telle paraît la nayade quittant son humide séjour pour protéger quelque mortel, telle paraissait Isibila aux regards du Troyen enchanté, qui la prenant pour la déesse de ces bois, lui adresse ces mots : « Qui que vous soyez, ô jeune beauté, déesse ou mortelle, soyez-moi favorable et veuillez me dire où sont passés des hommes vêtus comme moi et de ma nation. — Etranger, répond la jeune fille, que Tentatès vous protége, je n'ai vu personne de ceux que vous demandez, seulement fuyez au plus tôt ces bois inhospitaliers sur lesquels plane la mort impitoyable. » En achevant ces terribles paroles, prompte comme l'éclair, elle se perd dans le plus épais du bois. Salis la suit, l'appelle inutilement, il ne peut la revoir. Le seul parti qui lui reste est de passer la nuit où il se trouve, et il s'y était décidé quand deux hommes accourus aux cris qu'il avait poussés, arrivant à sa rencontre et sans répondre à ses questions, lui lient les mains et le conduisent à travers les arbres touffus jusque dans le lieu où ils sont le plus élevés et le plus serrés. D'autres hommes à la longue barbe et à la robe de laine blanche, couronnés de branches de chêne, y étaient assemblés et poussèrent un cri de joie en voyant arriver Salis. Après quelques paroles échangées, auxquelles le Troyen ne comprit rien, deux des hommes écartent un gros rocher pour découvrir une ouverture obscure où on l'entraîne, puis, à quelques pas, on lui serre plus fortement ses liens; les hommes sortent, et le rocher est remis en place. Alors ..

XXVI.

Aymoïnus en était là de son récit, quand deux laquais entrent, tout effrayés, dans la chambre de Hugues, en criant qu'une des mules de ces messieurs, après avoir rompu son licol en reculant, était tombée dans le puits qui se trouvait derrière elle.
— Courez vite, dit le sire de Gargilesse en se levant sur son séant, courez vite arracher la mule de ces bons pères.
— C'est inutile, reprit Hermangarde avec un sang-froid imperturbable ; puisque saint Benoît a tant de pouvoir, comme viennent de le dire ces religieux, ils n'ont qu'à le prier, et je suis sûr que la mule sortira sans accident.
— Tu as raison, ma femme, et si la mule sort saine et sauve, je soutiendrai envers et contre tous qu'il n'y a pas en paradis de plus grand saint et qui ne mérite mieux ma confiance que saint Benoît.
Les gens du château se mirent à l'œuvre et la mule fut retirée sans le moindre mal du puits profond, dit-on, de dix-huit coudées. Les deux animaux furent attachés plus solidement dans un endroit moins dangereux, et les deux religieux remontèrent dans la chambre de Hugues, où la dame de Gargilesse pria Aymoïnus de continuer son récit, interrompu, si mal à propos, par l'accident de la mule.
— Très volontiers, noble dame, reprit le bénédictin. Je vous disais que Salis était enfermé dans un souterrain creusé dans le rocher, et qu'après avoir parcouru un passage bas, étroit et tortueux,

il avait été laissé dans une sorte de petite salle bien lié et garotté. C'est dans ce triste séjour, absorbé dans ses réflexions plus tristes encore, qu'il passa une partie de la nuit. Au milieu de l'obscurité la plus complète, il lui sembla démêler une faible lueur qui augmentait peu à peu et finit par découvrir une lampe portée par une main qui sortait du rocher, à la suite de la main parut un bras, puis une tête qu'il reconnut bien vite pour l'avoir vue dans la forêt.

Salis ne pouvait en croire ses yeux, et attribua d'abord cette vision à un effet de son imagination, jusqu'à ce que le corps suivant la tête, la jeune fille sortit tout entière et se leva debout; puis faisant signe de garder le plus grand silence, s'approcha du prisonnier, et avec une serpette d'or coupa ses liens et lui fit signe de la suivre.

Elle se couche, s'enfonce à plat ventre dans le trou par lequel elle était venue. Salis en fit autant et suit sa libératrice qui, après avoir rampé quelque temps dans un petit puits percé de trous pour placer les pieds, se trouva avec elle en plein air. Isibila avait éteint la lumière en revenant, lui appliqua un doigt sur la bouche pour lui recommander le plus grand silence, lui montra la lune levante et lui indiqua cette direction pour fuir.

Salis ne pouvait pénétrer tout le mystère de ce qui se passait; cependant il devinait aisément qu'il devait être exposé à un grand danger, dont la jeune fille venait de le délivrer. Pendant longtemps il marcha dans la direction indiquée, quoiqu'avec un grand regret: l'image de la jeune beauté lui revenait sans cesse à la mémoire, ou plutôt n'en sortait pas, et à chaque pas il tournait la tête dans l'espérance de la revoir. Il commençait à la regarder comme un génie féminin qui devait l'accompagner partout; cependant ne voyant rien, il s'éloigna des lieux où elle devait habiter et balançait à y retourner, malgré la crainte qu'il en avait.

XXVI.

Dans le plus épais de la forêt, sous une voûte formée par le feuillage touffus de chênes séculaires, impénétrable à la lumière, s'élevait le tombeau de Redone. Une pierre énorme, supportée par trois autres, placées debout, couvrait un petit tertre sous lequel reposaient les restes de ce guerrier celte, mort en combattant, dans ces lieux; ses armes en pierres étaient à ses côtés. Depuis longtemps changé en autel pour les sacrifices, cette pierre funéraire était devenue un monument sacré pour les habitants des Gaules. Le soleil n'avait point encore paru, que déjà, rangés autour de ce tombeau, les Druides et les Martes attendaient en silence le lever de l'astre du jour. Graves dans leur maintien, les prêtres de Teutatès, à la longue barbe, enveloppés dans leur robe de laine blanche, couronnés de chêne, tenaient à la main leurs harpes d'airain; les Martes, en robes de lin, aussi d'une blancheur éclatante, aux longs cheveux, pendants jusqu'aux talons, la gorge et les bras nus, armés du couteau sacré, en silex, attendaient aussi le moment fatal. A la faible lueur de l'aube naissante, on aurait pris cette assemblée pour des fantômes, pour les génies des tombeaux, froids et immobiles comme eux. A mesure que les ombres de la nuit disparaissaient, une foule curieuse et avide de spectacles, même les plus tristes, grossissait silencieusement le cercle qui entourait l'assemblée. Aux premiers rayons de soleil, les harpes harmonieuses annoncèrent la cérémonie, et les chants sacrés commencèrent en l'honneur de Teutatès.

Puissant Dieu des orages,
Teutatès! Dieu des vents,
Toi qui sur les nuages
Conduis les ouragans!
A nos vœux sois propice,
Reçois avec plaisir,
Reçois le sacrifice
Que nous allons t'offrir.

Ta voix est le tonnerre,
Tes yeux lancent l'éclair.
Et quand tremble la terre,
Et que s'obscurcit l'air,
C'est ta juste vengeance,
C'est ton juste courroux,
Pour marquer ta présence,
Qui s'exerce sur nous.

Sensible à sa prière
Ta pitié s'inclina,
Tu rendis à son père
La tendre Isibila
Tout près d'être ravie
Par un cruel trépas,
Tu lui rendis la vie
Et nous la conservas.

Coupable ou non d'un crime
Il promit d'immoler
Une égale victime
Pour te récompenser,
Et va t'offrir en place
Un jeune homme étranger,
Qu'une triste disgrâce
Ici vient de jeter.

XXVII.

Les chants étant finis, Armentorix fit signe d'aller chercher la victime, et, pendant ce temps, s'adressant à sa fille, lui dit :
— Isibila, ma fille chérie, toi dont la mère rejoignit nos aïeux en te donnant le jour, toi sur qui j'ai concentré toutes mes affections,

toi ma fille unique, pour qui j'ai éprouvé tant d'inquiétudes jusque dans ces derniers temps, où tes jours étaient menacés, et pour qui je tremblais naguère, désespérant de trouver une victime pour l'immoler à ta place, afin de te conserver la vie ; Isibila, ma chère Isibila, ce jour tant désiré est enfin arrivé : un étranger venu hier en ces lieux est renfermé dans le souterrain et va être sacrifié ce matin. C'est toi qui, pour la première fois, va être chargée de ce saint ministère ; que ta main ne tremble pas, et pour payer ta vie ôte hardiment celle de l'étranger, et songe que tu fais maintenant partie du corps honoré des Martes, chargées des sacrifices.

Pendant cette allocution d'Armentorix à sa fille, on avait creusé sur la pierre la fossette destinée à recevoir le sang de l'inconnu, et chacun regardait du côté du souterrain pour le voir arriver. Mais, ô terrible désappointement, les gardiens viennent seuls et annoncent que le prisonnier n'y est plus, qu'ils ont trouvé seulement les liens et à côté une serpette d'or qui paraissait avoir servi à les couper, et qu'ils rapportaient.

— O Teutatès ! s'écria Armentorix, c'est la mienne ! Comment a-t-elle pu servir à faciliter la fuite de l'homme destiné à Teutatès ? Ma fille seule pouvait l'avoir à sa disposition.

Tous les regards se portent sur Isibila, qui tremble et pâlit. On ne doute plus de sa culpabilité, que l'indiscrétion d'une de ses compagnes vient divulguer. Hérovaga, jalouse de la beauté et des honneurs d'Isibila, était attentive à tout ce qu'elle faisait, et la nuit s'étant aperçue de sa sortie de la maison des Martes, l'avait suivie sans être vue et avait remarqué l'évasion du prisonnier, et afin de répandre plus promptement le crime de la jeune fille, elle l'avait donné en grande confidence à plusieurs des Martes ses amies. L'instrument dénonciateur est déposé sur le dolmen, et chacun reconnaît en effet la serpette qui servait à couper le guy sacré pour le premier jour de l'année.

Le crime était patent, on n'en pouvait douter ; Isibila, pâle et immobile, restait muette ; Armentorix, fondant en larmes, ne pouvait absoudre sa fille, que les lois condamnaient, et ne pouvait la condamner à mort ; les autres Druides étaient partagés : les uns voulaient une vengeance éclatante, les autres inclinaient vers la clémence. Les premiers l'emportaient et déjà on s'avançait vers Isibila pour la mettre sur la pierre fatale.

— Arrêtez ! arrêtez ! s'écria une voix forte sortant de l'épaisseur du bois.

C'était Salis qui, mû par la curiosité et encore plus par l'amour ardent et la reconnaissance que lui avait inspiré la jeune Marte, n'avait pu se résoudre à s'éloigner, et, caché dans les broussailles pendant que tout le monde était occupé à la cérémonie, était parvenu à s'approcher assez pour distinguer, entendre et comprendre tout ce qui se faisait.

— Hommes barbares, puisqu'il vous faut une victime, me voilà ! Innocent pour innocent, il faut mieux que ce soit moi qui serve à apaiser la colère de votre terrible Teutatès !

Et en parlant ainsi, il s'avança près du dolmen, se plaçant entre lui et Isibila, comme pour la protéger et la défendre. Sa physionomie avait pris un air de grandeur et de dignité qui en imposa à la foule ; ce dévouement sublime inspirait aussi un grand intérêt. Du fond de l'assemblée un cri général s'élève pour demander qu'Isibila ne soit point immolée et qu'on prenne Salis, qui s'offre fièrement aux gardiens.

Tout à coup la fille d'Armentorix, restée comme pétrifiée jusque là, s'élance en criant : — Non, non, vous ne le sacrifierez pas, mon père s'y oppose, et s'il meurt, ce silex tranchant va rejoindre sur le champ mon âme à la sienne.

Tout le monde applaudit et demanda la vie des deux amants. Pendant ce temps, les principaux Druides attachés à Armentorix s'étaient entendus, et l'un d'eux s'avançant dans l'espace réservé :

— Celtes qui nous entourez, modérez vos clameurs ; la volonté de Teutatès s'est assez manifestée par cette singulière rencontre, et ce généreux débat nous montre clairement qu'il refuse l'une et l'autre victime et qu'il est suffisamment satisfait du désir que ces jeunes gens ont montré de lui être sacrifié.

La foule, par ses bruyants applaudissements réitérés, prouva son assentiment au jugement prononcé, et la cérémonie n'eut pas d'autre suite.

XXVIII.

L'assemblée se dispersa, les Druides et les Martes rentrèrent dans leurs habitations ; Salis, entouré par la foule, qui le regardait comme une curiosité, fut emmené et traité par les Celtes comme un hôte respectable, envers qui chacun s'empressa d'exercer les devoirs de l'hospitalité ; la curiosité naturelle à la nation le faisait suivre continuellement par une foule avide d'apprendre de sa bouche les malheurs de Troie, les hauts faits de ses défenseurs, et les ruses des Grecs pour s'en emparer. On ne tarda pas à s'apercevoir qu'il était un homme supérieur qui ne serait pas déplacé dans le corps des Druides, dans lequel Armentorix et sa fille désiraient beaucoup le voir entrer par des raisons faciles à concevoir. Le père n'ignorait pas leur tendre et naturelle affection, et n'était pas fâché de le faire entrer dans sa famille pour effacer l'impression que la conduite d'Isibila à son égard avait fait naître. La proposition faite n'éprouva pas d'opposition, et Salis fut soumis aux épreuves exigées ; une d'elle surtout, dont il fit le récit dans une de ses lettres, mérite d'être rapportée. Pour mieux en rendre compte, permettez-moi, noble dame, de vous répéter la lettre qu'il écrivit, dans cette circonstance, à son ami Limovix, et qui se trouvait avec les autres pièces dont ce récit est tiré :

« Vous m'avez demandé, mon cher ami, quelles épreuves j'ai eu à subir pour être admis au nombre des prêtres de Teutatès ; en voici une assez intéressante dont je ne devrais pas vous donner connaissance ; mais, sûr de votre discrétion, et tout le monde ici ignorant notre langue, je puis cependant le faire sans inconvénient :

« Un soir, un peu après le coucher du soleil, je fus conduit, par une dizaine de Druides, dans une petite vallée au bas d'un coteau couvert de broussailles ; là, deux d'entr'eux écartèrent les branches pour mettre à découvert une sorte de muraille en gros blocs de granit, en partie couverts de mousse ; les autres enlevèrent un à un les blocs qui fermaient une espèce de petite gueule de four percée dans la roche. Armentorix me dit : Jeune étranger, si le courage ne vous manque pas, entrez par cette ouverture ; les pierres vont être replacées et je vous assure qu'aucun de ceux qui y sont entrés n'y ont repassé. Je m'attendais bien à quelque chose d'extraordinaire et je ne balançai pas à m'enfoncer dans cette cavité où régnait une obscurité effrayante. Les pierres furent aussitôt assujetties derrière moi et me voici enterré tout vivant au milieu d'une roche très-dure.

» Pendant quelque temps, je rampai comme un reptile, tournant tantôt à droite, tantôt à gauche ; je ne pouvais pas m'égarer, car il n'y avait que la place de mon corps qui y passait à peine. Le voyage souterrain fait avec Isibila me rassurait un peu sur celui-ci, cependant je trouvais le temps fort long et espérais à chaque instant apercevoir de la clarté, c'était en vain. Le passage s'élevait et s'élargissait graduellement, je pus marcher accroupi sans trop de peine, puis je me trouve arrêté tout court contre le roc ; sur ma droite, une ouverture très-étroite et peu élevée m'offrait encore une issue qu'il me fallait tenter ; mais là, je ne pouvais continuer ni couché ni accroupi, l'étroitesse m'empêchait d'aller de front, et le peu d'élévation de rester debout, en allant de côté ; il me fallait donc avancer, dans cette position, les jambes très-fléchies, l'une en avant et l'autre en arrière. Quelle situation pénible, le courage qui m'avait soutenu jusqu'alors commençait à être ébranlé ; malgré la fatigue je continuais toujours, une grosse pierre me ferma la moitié de la hauteur du boyau, et ce ne fut qu'avec la plus grande peine que je parvins à l'enjamber ; à peu de distance de là se trouva un plan incliné que je suivis et au haut duquel il fallut reprendre la position rampante pour m'y glisser ; il me semblait être enterré tout vif dans ce rocher glacé, dont mon nez touchait le plancher tandis que le derrière de ma tête frottait contre son plafond, j'étais dans un véritable cercueil glacial en pierre. L'idée d'Isibila me soutenait, et je croyais de temps en temps voir sortir du roc une seconde lumière libératrice ; mais, illusion de l'imagination ! l'obscurité la plus complète et le silence le plus absolu étaient mes seuls compagnons.

» Après un contour sur la droite, la roche manqua sous mes mains, je tends les bras et ne trouve plus rien, ni en haut, ni en bas, ni sur les côtés : le vide était devant moi, probablement un précipice ; je n'avais laissé aucune autre issue, il fallait, de toute nécessité, se précipiter par celle-ci. Alors, je l'avoue, j'accusai les Druides de m'avoir trompé, et pour se débarrasser de moi, de m'avoir envoyé à une mort certaine. Mais si tout le monde m'avait trahi, Isibila m'aurait averti, elle qui avait exposé sa vie pour sauver la mienne, qui m'avait donné tant de preuves de dévouement.

Isibila ne m'aurait point ainsi laissé sacrifier, et son père, qui me traitait comme son propre fils et me témoignait tant de tendresse, pouvait-il avoir cette perfidie. Toutes ces idées se succédèrent dans mon esprit et n'avançaient à rien, je sortais bien une partie du corps autant qu'il était possible de le faire sans tomber, rien ne venait à ma rencontre. Je proférai quelque sons, afin que leur répercussion put me donner quelque idée de la disposition du lieu où je me trouvais : mesure inutile; ils me prouvaient seulement que, devant moi, se trouvait une cavité assez vaste, sans rien faire connaître de la profondeur. Alors, seulement, je commençai à me repentir de mon entreprise et d'avoir ambitionné l'honneur d'être Druide. Nécessité fait loi, l'impossibilité de reculer me décida enfin à braver la mort, s'il le fallait, pour me tirer d'une position aussi critique; je sortis en entier du trou et me laissai choir, bien décidé à périr. Quelle ne fut pas ma surprise quand, au lieu de me briser la tête contre un rocher, je tombai sur une couche molle et épaisse de mousse qui me reçut dans ma chute et me préserva de tout accident. Néanmoins, j'avais éprouvé une secousse morale si violente que je restai quelque temps un peu étourdi sur ce lit de mousse, et ce ne fut qu'après m'être un peu remis que je continuai mon voyage souterrain.

» Je commençai par chercher l'ouverture par laquelle j'étais entré, je la rencontrai à la hauteur de mes épaules; puis, en élevant les bras, je sentais une voûte arrondie sous laquelle je pouvais me promener à mon aise sans la toucher avec ma tête. La difficulté consistait en ce moment à trouver une issue praticable, je fis donc le tour de ce petit appartement en en cotoyant les parois froides et inégales; je rencontrai deux passages qui allaient toujours en baissant et n'avaient point de sortie; après être revenu sur mes pas, je finis par rencontrer une petite porte assez étroite que je croyais devoir être encore le commencement de nouveaux boyaux : mes craintes étaient sans fondement, car elle me conduisit dans une sorte de puits assez semblable à celui par lequel j'étais monté avec Isibila, c'était la dernière et seule sortie dont je profitai au moyen des trous pratiqués dans ses parois, et bientôt je sentis la fraicheur de la nuit, qu'accompagnait encore son obscurité. Tout-à-coup les sons de la harpe retentissent à mes oreilles et une vive lumière me montre au milieu d'un cercle de Druides.

» Armentorix s'avança vers moi, en s'écriant : « Honneur au fils des Celtes, qui s'est montré digne de Teutatès et d'être parmi nous ; » puis, il m'embrassa, et tous les autres en firent autant.

» C'est ainsi que se sont terminées les longues séries d'épreuves par lesquelles on m'a fait passer. »

XXIX.

— Il est temps, docte abbé, que vous fassiez sortir votre Salis de ces vilains endroits; j'en frissonne de tous mes membres et ma peau en devient chair de poule, s'écria la dame de Gargilesse.

— Par là, corbleu, vous êtes bien peureuse, madame, dit le sire de Naillac, qui avait écouté ce récit avec beaucoup d'attention, Salis avait du courage et aurait mérité d'être gentilhomme.

— Mon ami, reprit Hermangarde, on ne peut pas s'empêcher de compatir aux peines des gens ; mais ce que je désirerais savoir, père Aimoïnus, c'est comment cette histoire est parvenue jusqu'à vous.

— Noble dame de Gargilesse, vous serez satisfaite lorsque j'aurai terminé ; en attendant, permettez-moi de continuer.

Salis étant donc initié et reçu dans le corps savant des prêtres de Teutatès, ne tarda pas à devenir le mari d'Isibila, puis plus tard remplaça Armentorix comme prince de la Vega. Ses vastes connaissances lui donnèrent une grande influence : il détourna les Celtes des sacrifices humains, et pour soustraire les habitants de son pays aux pillage de leurs voisins, dont ils étaient victimes, leur apprit à construire des citadelles sur des endroits escarpés et défendues par des murailles en grosses pierres, comme on l'avait fait dans sa patrie. C'est de cette façon que, pour la première fois, fut fortifié le roc sur lequel repose le château que vous habitez. Une autre position qui fut aussi fortifiée par Salis prit son nom, puis devint forteresse romaine ; enfin, vers le huitième siècle, des moines de notre ordre, cherchant un endroit facile à défendre et isolé, pour y établir une maison, trouvèrent que Salis leur convenait et commencèrent à jeter les fondements de leur monastère. En remuant les gros blocs de l'enceinte faite par le héros troyen, on aperçut dans l'un d'eux une cavité pleine d'un ciment assez dur, derrière lequel on trouva des feuilles de papyrus couverts de caractères que nos bénédictins reconnurent appartenir à l'alphabet grec, mais sans pouvoir les traduire. Nos bons pères pensèrent que leurs frères du Mont-Cassin étaient seuls en état de déchiffrer le manuscrit, et par le premier voyageur qui alla à la maison primitive de leur ordre, envoyèrent la précieuse trouvaille. Deux des plus savants de nos frères du Mont-Cassin purent seuls reconnaître que c'était du grec primitif, avec beaucoup d'abréviations, ei à force de travail finirent par la traduire. L'original est resté en Italie, et la traduction qu'ils en firent fut envoyée à notre couvent, qui a donné, vers ce temps, le nom de notre patron à l'antique ville de Salis.

Voici, noble dame, tout ce que je puis vous dire.

Aimoïnus se tut. La dame de Gargilesse et son mari le remercièrent de sa complaisance.

— Mais, ajouta la dame, je voudrais bien savoir, si vous pouvez me le dire, où se sont passées ces scènes de la vie de Salis, qui m'a intéressée.

—Noble dame, répondit Aimoïnus, c'est dans la vallée arrosée par le Belrio, qui coule au pied de Brosse, dans l'endroit appelé le Couri, que Salis s'égara ; c'est sur la limite de la forêt de Pontausier, qui vous appartient, qu'existe encore le tombeau ou dolmen de Rodonse, que messire de Gargilesse a peut-être eu occasion de voir en chassant, et c'est dans le hameau voisin que se trouvait l'habitation des Druides ; enfin, c'est près du manoir de Lavaud, appartenant à votre cousin Pot, que Salis a subi la terrible épreuve qui vous a tant fait frisonner.

— Aussitôt que je serai remis, dit Hugues, nous pourrons, madame, visiter ces différents lieux que je suis, ainsi que vous, curieux de connaître.

Gérald arriva dans ce moment avec sa fille Almodis.

— Venez, venez, lui cria la dame de Gargilesse aussitôt qu'elle l'aperçut; venez, descendant des Troyens; vous ne vous doutiez probablement pas, vicomte, que vos ancêtres étaient de Troie?

— Certainement non, répondit-il.

— Pourtant, en voyant votre aimable damoiselle, dit Aimoïnus, on reconnaît qu'elle doit être parente avec la belle Hélène, qui causa tant de malheurs,

— En vérité, vous êtes trop galant, mon cher abbé, dit la dame de Naillac en éclatant de rire.

Les révérends pères réitérèrent leur demande devant Gérald qui, de concert avec Hugues de Gargilesse, leur accorda l'immunité qu'ils réclamaient pour des terres du Chanceau.

XXX.

Il n'était plus question de guerre : les seigneurs de Brosse, tranquilles dans leur château, n'avaient qu'à se reposer de leurs fatigues; Hélie et sa sœur Emma avaient accepté l'hospitalité qu'on leur avait offert si gracieusement; Boson seul refusa de venir les rejoindre, et aussitôt qu'il fut un peu rétabli à Roche-Gaudon, il se rendit sans bruit à son château de Crozant, où le chagrin et une fièvre lente, qui en était la conséquence, le minaient sourdement.

Gérald, qui attendait ce moment de tranquillité pour conclure le mariage projeté entre Henric et sa fille, en parla à Hugues de Gargilesse pour en fixer le jour; mais celui-ci qui, dans différentes occasions, s'était aperçu de l'amour d'Almodis pour le comte Hélie, éluda autant que possible les instances pressantes du vicomte de Limoges, et dans une des promenades journalières que cette petite société faisait dans les environs, il tira à part le fils de Boson et tâcha de lui faire avouer sa passion pour la comtesse; mais Hélie, craignant un piège, nia pendant quelque temps l'état de son cœur : cependant, convaincu de la sincérité du sire de Naillac, il finit par lui tout avouer.

— C'est ce que je désirais savoir, lui dit le vieux marquis. Vous ne vous repentirez pas de m'avoir donné votre confiance : Gérald veut marier sa fille à Henric, mais puisqu'Almodis vous aime, je vais tâcher de rompre les engagements que nous avons pris avec le vicomte de Limoges et de le disposer en votre faveur.

C'est en effet ce qu'il fit et il ne parvint pas sans peine à dégager la parole donnée et obtenir que Gérald acceptât pour gendre le fils de son ancien ennemi.

Dès que Guy eut connaissance de la réussite, il pria Hugues de lui rendre le même service à l'égard d'Emma, ce qui fut également accordé. Il n'y avait que la moitié des difficultés de levées, les plus difficiles existaient encore : tout le monde craignait l'entêtement de Boson, qu'on présumait résolu à s'opposer à cette double alliance. Le bon Hugues et sa femme Hermangarde se chargèrent encore de cette mission difficile, et tous les deux étant retournés pour quelques jours dans leur château de Gargilesse, promirent d'aller jusqu'à Crozant.

Les voilà donc cheminant sur leurs palefrois, vers ces bords escarpés où la Creuse, enfermée dans un canal de granit extrêmement profond, mugit contre les obstacles qui ralentissent son cours. Un coteau presque à pic, entrecoupé de ravins profonds qu'ombragent des bois suspendus aux rochers, leur permet, par un sentier tortueux, de descendre au bord de la rivière, dont l'onde réfléchit les aiguilles granitiques élevées et penchées sur son cours, entremêlées de peupliers élancés et d'aulnes au feuillage sombre. En face, l'embouchure d'une petite vallée leur ouvre un passage pour monter jusqu'à un roc isolé au milieu du ruisseau entre deux coteaux très élevés. Sur ce roc, dont le sommet applani formait la cour, s'élevait le château de Gargilesse, auquel on ne pouvait aborder qu'en tournant autour du rocher par un sentier taillé à cette fin. Une épaisse muraille couronnait la crête de chaque porte, et quatre grosses tours en marquaient les angles.

Après avoir visité les travaux qu'il faisait exécuter pour la construction d'une chapelle qu'il ne put achever, mais qui n'en a pas moins attiré l'admiration de la postérité, Hugues et la dame de Naillac remontèrent le cours de la Creuse pour se rendre au château de Crozant.

Au confluent de la Creuse et de la Sédèle, sur une montagne d'un demi-kilomètre de longueur, dont les deux rivières côtoient le pied de chaque côté, s'élève une suite de tours sur les parties les plus élevées, un mur suivant la partie supérieure des escarpements les enveloppe en formant plusieurs cours successives, séparées et isolées les unes des autres par des fortifications. Le donjon, tour immense perchée sur la sommité la plus élevée, domine tout le reste, comme le géant de la forêt qui élève son front superbe au-dessus des autres arbres. Retiré dans la tour carrée auprès du donjon, Boson, dévoré par le chagrin que lui avait occasionné la perte de son armée devant Brosse, vivait isolé et solitaire, donnant à peine quelques instants de conversation aux officiers qui venaient le voir pour affaires indispensables; une fièvre lente le consumait, et, couché sur son lit de douleur, il appelait la mort à tous moments.

XXXI.

Ce fut dans ce lieu solitaire et sauvage que Hugues et Hermangarde, sa femme, vinrent trouver Boson et lui exposer le sujet de leur visite. Le comte, souffrant et de mauvaise humeur, leur répondit de suite par un non expressif et peu courtois. Mais le sire de Gargilesse n'étant pas homme à se rebuter si promptement, revient à la charge, met en jeu toute son éloquence ; la spirituelle marquise lui venant en aide, ils eurent bientôt ébranlé la résolution du châtelain qui, cédant peu à peu, finit par consentir au double mariage, en disant :

— Noble sire de Gargilesse, mon parent et mon ancien ennemi, je ne puis refuser ce qui paraît tant désiré par mes enfants; dites leur que je leur donne mon consentement et ma bénédiction, mais que je n'irai point à Brosse, assister à leur union : j'ai éprouvé de trop grands malheurs dans ce pays, dont la vue augmenterait encore mes douleurs. Qu'ils soient plus heureux que leur père, et que surtout la dévorante ambition ne s'empare pas de leurs âmes. Pour moi, je vais me retirer dans le monastère d'Uzerches que j'ai fondé et y chercher, si je puis, le calme et la paix que je n'ai trouvés nulle part.

Les seigneurs se serrèrent la main en marque d'amitié et d'oubli de leur récente querelle. Le sire de Gargilesse avec Hermangarde reprirent la route de Brosse, où il furent bientôt de retour. Les bonnes nouvelles qu'ils apportèrent comblèrent de joie les jeunes amants qui craignaient l'inflexibilité des résolutions du vieux comte de la Marche.

Henric, qu'on s'attendait à trouver chagrin du bonheur des autres, fit au contraire éclater son allégresse, au grand étonnement de ses amis qui ignoraient la cause de ce contentement. Ils ne savaient pas en effet qu'en allant de Gargilesse à Crozant, la dame sa mère avait passé à Chateaubrun et lui avait apporté de bonnes nouvelles de Jeanne de Prie, damoiselle de Chateaubrun, pour qui dès son enfance il nourrissait une tendre affection.

Les journées entières se passaient dans de délicieuses promenades dans des vallons charmants, où la beauté de la nature était encore augmentée par la disposition d'esprit de ces jeunes gens, qui oubliant bientôt la guerre et ses horreurs, n'aspiraient plus qu'au moment fortuné où un doux hymen allait couronner leurs flammes mutuelles.

Il ne manquait rien pour faire attendre avec patience ce jour tant désiré : la courtoisie des jeunes seigneurs, l'esprit et l'amabilité des dames, le calme dans les âmes de tous ces chevaliers, charmés de la cessation de la guerre. Tous les jours Brosse recevait les visites des gentilhommes du voisinage, avec leurs dames ou leurs damoiselles, parmi lesquelles Almodis et Emma brillaient comme le cèdre au milieu de la forêt : Almodis, qui à juste titre avait été surnommée la belle Limousine, ravissait l'admiration et les cœurs par sa grande et noble taille, sa figure régulière et surtout ces beaux yeux noirs qu'encadraient des sourcils parfaitement dessinés. Si Almodis ravissait les cœurs, Emma savait les gagner ; le tendre et doux regard de ses yeux bleus, bien en harmonie avec un teint de rose et des cheveux blonds, retombant en boucles ondoyantes sur ses épaules d'albâtre, n'étaient pas moins puissants que les attraits mâles et dominateurs de son amie. La fierté d'Almodis s'amolissait comme la cire auprès du comte Hélie, et l'indifférence apparente d'Emma se changeait en tendres sentiments auprès de Guy, et nos deux héros, semblables à Renaud dans les jardins d'Armide, paraissaient avoir oublié leur gloire et leur valeur pour ne songer qu'au bonheur d'aimer.

XXXII.

Parmi le petit nombre d'invitations faites pour la cérémonie nuptiale, le duc Guillaume, comte de Poitou, n'avait point été oublié, et s'excusa de son absence sur des embarras qu'il ne pouvait différer ; mais on pensa que le chagrin de voir passer Almodis en d'autres bras que les siens était la véritable raison qui l'empêcha de venir à Brosse, où il devait figurer, cependant, en qualité de seigneur suzerain. L'ami commun, le sire de Roche-Gaudon, remplaça Boson, et, au milieu de quelques amis et quelques seigneurs voisins, le double mariage fut célébré, sans bruit, dans la chapelle du château, devant ce même autel qui avait reçu les premiers serments d'Hélie et d'Almodis, par Hildoin, évêque de Limoges, frère de Guy et d'Almodis, assisté de leur plus jeune frère Geoffroi, abbé de Saint-Martial.

Les jours suivants furent employés à visiter les gentilshommes des environs qui avaient prêté le secours de leurs bras pour délivrer Brosse ; tout le monde ne faisait plus qu'une seule famille. Les jeunes époux commencèrent leur tournée par le petit château de la Roche-Gaudon, placé sur son rocher, au bord d'un étang ; triste séjour, dont le noble et vénérable châtelain, le sire de Salagnac, faisait tout le mérite. De là, ils allèrent descendre au château de Vouhet, dont le seigneur était occupé à achever le grand donjon triangulaire surmontant la grande butte qui lui servait de base auprès de la rivière.

A une lieue de distance s'élevait un nouveau château, au milieu d'un grand étang, par les ordres du duc d'Aquitaine, dont il reçut le nom de Guillaume, qu'il conserve encore. Les fondations en étaient à peine jetées, mais d'après les plans on pouvait juger de la beauté de ce monument dont le donjon carré excite encore la curiosité des amateurs. Ce petit voyage, au milieu d'épaisses forêts, eut été bien triste pour d'autres personnages ; mais les jeunes époux le trouvaient ravissant, et se disposaient à le varier, en revenant par un autre chemin, lorsqu'ils remarquèrent beaucoup de villageois, en habit de fête, se dirigeant vers le couchant, où le soleil commençait à descendre. Cette remarque, à l'heure qu'il était, ayant éveillé leur curiosité, ils s'informèrent du but de tous ces gens, et apprirent, qu'à peu de distance, près d'un petit château nommé Le Pin, se tenait, chaque année, pendant la nuit, la veille de la Saint-Jean, une assemblée nombreuse où se rendaient les paysans du voisinage pour guérir leurs enfants de la peur et leurs femmes de la stérilité : chacun voulut profiter de la circonstance et les palefrois furent dirigés de ce côté.

Plus ils avançaient, plus la foule augmentait, et lorsqu'ils arrivèrent au lieu dit, comme le soleil s'enfonçait sous l'horizon, ils rencontrèrent, accumulés auprès d'une toute petite chapelle, une foule innombrable et ondoyante comme les épis d'un riche champ de blé inclinés par le zéphyr. Le son des musettes, des hautbois et des fifres retentissait au loin dans les bois, et les flambeaux qui s'illuminaient progressivement remplaçaient la lumière du jour. Les danses se formaient sous les dômes de feuillage et attiraient la jeunesse, tandis que sous des tentes, les tables garnies de mets et de brocs de vin invitaient les amis de Bacchus à y prendre place. Les plus dévots, agenouillés près de la chapelle, adressaient leurs vœux à l'Eternel ; d'autres s'éloignaient du tumulte et cherchaient, dans l'épaisseur des bois, le silence et la solitude ou bien les rendez-vous assignés par l'amour. Assemblage bizarre de piété et de libertinage, image d'une saturnale chrétienne, cette réunion paraissait être une fête du paganisme revêtue d'une robe chrétienne.

Les voyageurs passèrent une partie de la nuit à admirer ce spectacle étrange, et furent surpris de reconnaître, sous des habits grossiers, plusieurs chevaliers qu'ils avaient déjà vus, et qui s'éloignaient promptement à leur approche.

Aussitôt que l'aurore annonça le retour du jour, la cloche sainte se fit entendre ; tout se tut, une messe fut célébrée dans la petite chapelle et tout le monde prit le chemin de sa demeure, les voyageurs en firent autant, et arrivèrent à Brosse fatigués et affamés par leur pèlerinage nocturne.

Hugues de Naillac et Gérald commençaient à s'inquiéter de cette absence, dont ils n'avaient point connu le motif.

— Vous êtes curieux, mes enfants, leur dit le sire de Gargilesse.

— Cela leur est bien pardonnable s'écria Hermangarde, en l'interrompant, j'aurais voulu, moi, être aussi du voyage ; jamais je n'ai vu de bacchanale, et la réunion où le hasard les a conduits devait en être un diminutif.

— C'est ainsi, reprit gravement Hugues, que le paganisme a laissé de ses traces dans notre pays ; le christianisme, n'ayant pu arracher les dernières racines de ces coutumes, s'est décidé à enter ses cérémonies sur elles, afin de changer le mauvais fruit qu'elles portaient. En vain un pays est conquis, les vainqueurs eux-mêmes, tout en influençant les peuples conquis prennent, à leur insu, leurs croyances et leurs cérémonies ; la destruction la plus complète a eu beau passer sur ces contrées avec les Vandales, il est encore resté quelque chose des Gaulois, nos ancêtres.

— A propos des Vandales, dit Gérald, mesdames et messieurs, avez-vous vu, tout près d'ici, les ruines du château romain où Crocus, général de ces barbares, a demeuré quelque temps, pendant que ses troupes faisaient le siége de Brosse, qu'ils ne purent prendre. A une demi-lieue d'ici, en remontant le Belrio sur la droite, vous pourrez, une de ces matinées, aller visiter les restes de la grosse tour que Crocus fit brûler avec tout ce qui était aux environs, mais dont il n'a pu emporter les matériaux. Dame de Gargilesse, vous en pouvez être, car nous irons tous ensemble avant le déjeûner de demain, et votre imagination, vive et féconde, lira dans ces ruines l'histoire du temps de ces cruels ennemis des Francs.

XXXIII.

Les journées se passaient ainsi en promenades et en conversations où brillaient l'esprit et les connaissances étendues de la dame de Gargilesse. La crainte d'augmenter les chagrins de Boson faisait différer la visite que ses enfants se proposaient de lui rendre, lorsqu'ils apprirent que, dégoûté du monde et selon ce qu'il avait dit au sire de Naillac, il s'était retiré dans le monastère d'Uzerches, dont il était le fondateur.

Le cloître n'adoucit point ses regrets, la fièvre, qui le dévorait, acheva de le consumer, et, dans l'année même, il fut délivré de tous ses maux, en entrant dans le sommeil éternel. Aussitôt que cette triste fin fut connue à Brosse, les seigneurs, oubliant les anciens torts de leur ennemi passé, s'empressèrent de se rendre à Uzerches où les moines firent de brillants obsèques à leur bienfaiteur. Il fut enterré dans l'église du monastère, et, au-dessus de son tombeau, fut gravée sur une pierre de marbre, l'épitaphe suivante :

De medio pietas rapuit divina Bosonem
Ne qua suam impietas mutaret relligionem
Cujus erat clarum genus, alta scientia, mores.
Eximii placiti que Deo populo que labores,
Cumque columbinam servarete simplicitatem,
Serpentis tamen induerat sibi calliditatem,
A patre promeruit velut axa duri sibi plorans,
Irriguum duplex, sepulchrum dum non legit orans ;
Laudes ergo suas recolentes nomen honorent
Fratres, et pro fratra Deum devotius orent.
XVII kalendas septembris obiit bonâ memoria
Boso, Dei munera cujus anima requiescat in pace.
Amen.

Comme Mme la princesse de Conti ne connaissait pas le latin, M. le chevalier de Pommerville lui en fit la traduction suivante :

Issu d'un noble sang, de science profonde,
Boson, par piété, se retira du monde.
Chéri de l'éternel, des hommes adoré,
Par tous, pour ses hauts faits, justement admiré,
A la simplicité de la tendre colombe
Il avait réuni la ruse du serpent.
Versant sur ses péchés des larmes par torrent,
Et priant nuit et jour, à la fin il succombe.
Pour ses frères c'était un modèle excellent.
Quand notre supérieur le mit dans cette tombe,
Afin que regrettant leur frère qui n'est plus,
Ils s'en vinssent pour lui prier à cette place.
Le treize du mois d'août l'an mil six il mourut.
De reposer en paix, Dieu lui en fasse la grâce.
　　　　　　　　　　　Ainsi soit-il.

Ainsi finit Boson, dont les os reposent encore dans l'ancienne abbaye d'Uzerches, au-dessous de la pierre qui porte son épitaphe. Son casque et une petite portion de sa cotte de maille, ramassés sur le champ de bataille de La Buxière, furent placés dans une cavité de la muraille du donjon, où ils furent retrouvés il y a une dixaine d'années, lorsqu'il s'y fit une brèche qui les découvrit.

La mort de Boson laissa le comté de la Marche à ses enfants ; mais Adalbert, l'aîné, auquel il avait légué la Haute-Marche, était mort également, en laissant un enfant en bas-âge nommé Bernard. Son oncle, qui avait eu la Basse-Marche, fut chargé de sa tutelle, et ainsi Hélie de Boson put disposer de tout le comté de la Marche.

XXXIV.

L'impression profonde que les attraits d'Almodis, surnommée la belle Limousine, avaient faite sur le cœur de Guillaume, ne lui laissait ni repos ni patience, et il cherchait tous les moyens de la revoir, sans être découragé par ce qu'il apprenait de la tendresse mutuelle qui régnait entre les deux époux. Le désir de ramener la paix entre ses voisins lui avait fait entreprendre des fêtes, l'amour lui suggéra l'idée d'en donner de nouvelles afin d'attirer à sa cour l'objet de sa passion. De nombreuses invitations furent de nouveau envoyées, et bien entendu qu'Hélie et la comtesse furent du nombre de ceux qui en reçurent les plus pressantes.

Le deuil occasionné par la mort de Boson était terminé, Hélie et sa dame avaient déjà parcouru toute la Basse-Marche, qu'ils avaient eu dans le partage. Ils avaient fait fortifier la ville de Bellac, dont la muraille fut flanquée de dix-neuf tours, et un château-fort construit dans la ville vint encore ajouter à ses moyens de défense. Tous ces préparatifs annonçaient dans le comte Hélie quelque préoccupation guerrière qui ne l'empêcha pas cependant de relever l'église de Dorat, dévastée quelque temps auparavant par les Normands. Crozant, qui appartenait à son neveu Bernard, ne fut pas oublié : son enceinte fut augmentée, et un nouveau fossé ou coupure fut pratiqué bien en avant du premier qui régnait autour du donjon primitif.

C'est au milieu de tous ces travaux que les lettres du duc d'Aquitaine furent apportées à Hélie par un page envoyé tout exprès de Poitiers. L'invitation comprenait aussi Guy et Emma et les autres seigneurs du voisinage. Hélie, qui paraissait nourrir au fond du cœur quelqu'inimitié contre le duc, refusa de suite et voulait répondre une lettre d'excuses ; mais Almodis, dont la vanité avait été trop flattée dans son premier voyage de Poitiers, ne pouvait résister au désir d'aller encore dans cette capitale de l'Aquitaine, recevoir les hommages dont elle avait été entourée lors de son premier voyage et elle trouva les mille moyens dont une femme d'esprit ne manque jamais, pour faire valoir les raisons qui devaient les déterminer à répondre à la politesse de Guillaume.

Almodis voulant accepter, il fut impossible à Hélie de refuser : on ne s'occupa plus que des préparatifs du voyage, qui dut se faire en compagnie de Guy et d'Emma, qui se trouvaient alors dans la Marche, de retour de la visite qu'ils avaient faite à Limoges. Sur ces entrefaites, l'arrivée de Hugues de Naillac, qui venait inviter ses voisins au mariage de Henric avec Jehanne de Prie, damoiselle de Châteaubrun, leur offrit encore une bonne occasion pour remercier le duc d'Aquitaine, et il est probable que la petite société en eut profité, sans la vanité de la belle Limousine, qui pesait de tout son poids dans la balance, et la fit pencher de ce côté, malgré toutes les prévenances et les sollicitations du bon sire de Gargilesse, qui tenait beaucoup à la présence de ses amis à l'union de son fils, et tellement, que voyant leur obstination, il voulut remettre, en leur faveur, la célébration nuptiale après leur retour de Poitiers.

XXXV.

Les apprêts du départ furent bientôt terminés, les quatre voyageurs partirent accompagnés de trois pages conduisant deux coursiers portant les bahus où était la toilette des nobles dames, car jadis comme aujourd'hui, l'attirail d'une femme en route est plus considérable et plus embarrassant que celui d'un homme de guerre. On eut bientôt perdu de vue Bellac et ses tours à peine achevées; les coteaux granitiques s'abaissèrent à leur tour, pour ne laisser à la vue que les plaines calcaires du Poitou.

Le soleil couchant du lendemain les rencontra à peu de distance de l'antique capitale des Poitevins, dont l'angelus du soir leur révélait la proximité, au milieu des ombres de la nuit qui leur en dérobait la vue.

Autant le cœur d'Almodis tressaillait de plaisir, en approchant de cette ville, témoin de ses brillants triomphes, autant celui des trois autres s'engourdissait sous l'appréhension de je ne sais quelle crainte, vraie ou chimérique, qui, à leur insu, répandait dans leur esprit une vague inquiétude. Malgré l'obscurité, ils eurent bientôt parcouru les rues étroites et tortueuses qui conduisaient au palais ducal et qu'ils connaissaient parfaitement.

Dès que Guillaume fut averti de leur arrivée, il courut au-devant d'eux; dans son empressement, mal déguisé, on eut dit qu'il n'y avait qu'une seule personne qu'il venait recevoir, tant il parut préoccupé de la belle Limousine. Tout était préparé pour elle, appartements, serviteurs, salle à manger, femmes de service, tout était à ses ordres.

Les autres dames arrivées dès la veille ou dans la journée se regardaient d'un air étonné et semblaient se demander, par leur silence, ce que cela signifiait, ou plutôt chacun semblait se dire ce que cela ne signifiait que trop.

La journée du lendemain mit encore plus à découvert la passion du duc, qui, par ses empressements et ses assiduités auprès de la comtesse, paraissait n'avoir donné des fêtes que pour elle; il ne la quitta pas un seul instant; elle mangeait à ses côtés, il l'accompagnait dans les promenades, ne voyait qu'elle, n'entendait qu'elle, ne s'occupait que d'elle, à tel point que sa passion ne fut plus un secret pour personne, et que Guy, Emma et Hélie ne songeaient plus qu'à imiter les chevaliers et nobles dames qui, sous divers prétextes, firent leurs apprêts de départ, pour quitter un lieu où ils ne figuraient plus que comme des importuns, à la fois inutiles et gênants. Almodis seule recevait avec satisfaction les hommages qui lui étaient rendus, et sa vanité paraissait très flattée des attentions recherchées dont elle était l'objet. Les tournois devinrent vides faute de chevaliers pour combattre, les tables désertes faute de convives et les danses abandonnées.

XXXVI.

Guy et Emma, étourdis et inquiets des suites que pouvait avoir une telle position, cherchèrent les moyens d'y arracher le comte Hélie et sa femme. Après une nuit passée dans l'insomnie, Emma pensa avoir trouvé un expédient. Le lendemain était un jour solennel où le comte de Poitou et duc d'Aquitaine devait, en personne, ouvrir le lit de justice de la province, et cette cérémonie devait nécessairement le retenir une partie de la journée et l'éloigner d'Almodis.

Dès que Guillaume fut parti pour la tour de Maubergeon, un valet affidé arrive à Poitiers, couvert de sueur et de poussière, apportant à Guy et à Hélie des lettres prétendues de Gérald, qui mandait de suite son fils pour s'opposer aux entreprises du comte de Clermont qui venait d'entrer sur ses terres. Almodis fut pétrifiée à cette nouvelle, et son chagrin éclata lorsque Guy déclara qu'il fallait partir de suite et ordonna de préparer des chevaux, qui étaient déjà prêts à faire leur service. On manda de suite Hélie, et la comtesse eut beau représenter qu'il fallait attendre pour faire des adieux au duc d'Aquitaine, elle fut, pour ainsi dire, hissée sur son palefroi, et, comme un paquet emballé, entraînée sur le chemin de Montmorillon.

A une lieue de la ville, Guy feignit d'avoir fait un oubli, engagea les autres à poursuivre leur route, promettant de les rejoindre bientôt et retourna à Poitiers, tandis que les valets, qui avaient eu le mot d'ordre, pour ne pas perdre un instant, s'éloignaient au plus vite.

Pendant ce temps, Guy regagnait le palais de Guillaume, où il attendit son retour de la tour de Maubergeon pour lui faire des excuses du départ précipité de son beau-frère et de sa sœur; le duc ne put cacher son déplaisir, et, feignant d'être désespéré de ne leur avoir point fait ses adieux, lui proposa de l'accompagner jusqu'à Brosse où il pouvait rencontrer les voyageurs; mais ceux-ci, après avoir d'abord pris ce chemin, se détournèrent pour gagner Limoges. Guillaume et Guy arrivèrent de leur côté à Brosse où ils ne trouvèrent personne et aucun renseignement sur les voyageurs. Pour cacher son désappointement, le duc prétexta avoir besoin de voir le château qu'il faisait construire près de Lignac, et, le désespoir dans l'âme, se sépara de Guy qui paraissait également désespéré de la mésaventure.

Après le départ du duc, Guy se hâta de rejoindre sa famille à Limoges, où sa sœur fut longtemps triste et affligée d'avoir été ainsi enlevée aux honneurs et aux hommages que lui prodiguait le puissant duc d'Aquitaine. Plus sa tendresse et ses regrets augmentaient pour l'amoureux Guillaume, plus l'inimitié du comte Hélie redoublait pour son rival.

XXXVII.

Pendant ces événements, les châteaux de Gargilesse et de Châteaubrun s'animaient des préparatifs pour l'union de Henric de Naillac et Jehanne de Prie, damoiselle dudit lieu, où elle vivait solitairement avec dame Gabrielle de La Marche, veuve du sire de Châteaubrun, dans l'antique castel élevé sur un coteau noirâtre baignant ses pieds dans la Creuse, et qui élevait vers le ciel ses tourelles décharnées, surtout son immense donjon à sept étages, dont la tête altière domine au loin les alentours.

Le silence qui régnait habituellement dans ce lieu isolé, était remplacé par le joyeux murmure des allants et des venants, au nombre desquels figurait, en première ligne, la dame de Gargilesse, qui était venue visiter sa future belle-fille, à laquelle elle était déjà liée par le sang, du côté de sa mère.

Toute la noblesse du voisinage semblait s'y être donné rendez-vous, l'absence des seuls seigneurs suzerains s'y faisait remarquer, personne n'y représentait la famille du comte de la Marche : Adalbert, encore trop jeune, était chez son oncle et son tuteur, Hélie de Boson, que des affaires plus importantes occupaient ; Hugues seul était initié à ses projets, dont il avait essayé de le détourner dans son dernier voyage à Bellac, mais ses raisons furent impuissantes pour arrêter les effets de la haine que le comte portait au duc d'Aquitaine contre lequel il préparait une guerre à outrance.

Quoique le sire de Gargilesse n'en eut point parlé, bien des gens pressentaient l'avenir, et la cérémonie nuptiale se ressentit de cette vague préoccupation, qui s'oppose, sans qu'on sache trop pourquoi, à l'expansion d'une joie franche et joyeuse.

Tous les seigneurs sentaient fort bien qu'il leur serait impossible de ne pas prendre part à une guerre dans laquelle ils allaient être forcément et insensiblement engagés, et dont les résultats, sans aucuns avantages pour eux, ne pouvaient que leur être funestes.

La dame de Châteaubrun fit les honneurs de la fête avec la grâce et l'amabilité affable que chacun se plaisait à lui reconnaître, et avec laquelle personne ne pouvait lutter à cet égard, excepté la châtelaine de Gargilesse, dont l'esprit, la vaste érudition et les autres aimables qualités brillaient toujours, comme malgré elle, ainsi que les rayons du soleil qui, de temps en temps, viennent à paraître au milieu d'un ciel brumeux d'automne.

L'abbé de Cusion vint bénir l'heureux couple, dans la chapelle du château, en présence des amis et voisins, les seigneurs de Pen-Guillon, de Pen-Baron, des Places, de la Clavière, de Saint-Germain, Géraud, seigneur d'Argenton, et autres qui remplissaient l'étroite chapelle aux vitraux étincelants de mille couleurs, tandis que les nobles dames étaient placées dans la vaste tribune où l'on entrait de la grande salle d'honneur.

Trois jours après, toute la compagnie suivit les bords de la Creuse pour se rendre au château de Gargilesse, où de nouvelles fêtes continuèrent encore les plaisirs pendant plusieurs jours, vers la fin desquels Hélie de Boson vint faire une apparition momentanée.

XXXVIII.

Ce n'étaient ni les réjouissances ni les plaisirs qui avaient amené le comte de la Basse-Marche dans ces lieux habités par ses amis; une préoccupation plus sérieuse l'y attirait : c'était des troupes et des alliés qu'il cherchait pour faire la guerre à son rival Guillaume-le-Grand; la Basse-Marche était déjà couverte de combattants, et il voulait organiser une seconde armée dans la Haute-Marche, dont il était gouverneur pour son neveu. Ses intentions furent bientôt connues du comte de Poitou, qui se prépara aussi à la guerre. Les terres où passèrent les armées commencent à être ravagées, chacun faisait aux gens de son ennemi le plus de mal possible, comme si ces pauvres diables n'avaient pas déjà été assez malheureux de s'entretuer pour le caprice et la rivalité de leurs seigneurs.

Hélie, avant de s'éloigner de Bellac, voulut que cette ville fut bien fortifiée, et comme l'argent lui manquait, il permit à Imbert Drutus de bâtir le château de Mortemart, à la condition qu'il achèverait à ses frais celui de sa capitale.

Après plusieurs escarmouches, les deux armées se rencontrèrent près de Gençai, qui appartenait à Guillaume et que le comte de la Marche assiégeait; celui-ci fut attaqué vigoureusement et taillé en pièces, puis mis en déroute complète.

Le duc, fier de ce succès, se jeta sur le château de Rochemeaux, où se trouvait Almodis, dont la présence fit que le château fut promptement emporté, non pour s'en emparer, mais pour faire captive celle qu'il aimait tant : aussi la noble prisonnière fut-elle emmenée de suite à Poitiers, plutôt en triomphante qu'en vaincue, et ne trouva-t-elle dans son ennemi qu'un amant passionné, prêt à lui obéir en tout. Nouvelle Cléopâtre, la belle Limousine tenait son vainqueur dans ses chaînes et lui fit oublier les soins de la guerre. Hélie en profita pour rassembler de nouvelles troupes et attaquer de nouveau son rival heureux. Celui-ci, obligé de quitter Poitiers, rendit la liberté à la comtesse et courut au-devant du comte, qu'il battit encore et qu'il fit prisonnier pour le conduire à Poitiers, où sa captivité fut de courte durée, car il lui fut impossible de résister à la demande d'Almodis réclamant son mari. La paix fut bientôt faite par l'entremise de ce tout puissant intermédiaire. La jalousie porta de nouveau le comte de la Marche à la guerre, ce qui ne l'empêcha pas de fonder en 997 le monastère d'Ahun et de rétablir l'église de Dorat, qui avait été ruinée par les Normands.

Guillaume voulant enfin réduire le comte de la Marche, engagea le roi Robert à s'unir à lui pour s'emparer de Bellac. Malgré d'aussi grandes forces de toute la France guerrière, Abbon Drutus de Mortemart soutint victorieusement le siége et força les assiégeants à se retirer.

Enfin une paix fut conclue, et par lassitude et épuisement des combattants se prolongea pendant plusieurs années que les deux rivaux employèrent, l'un à dissimuler son inimitié contre le duc Guillaume, et celui-ci à entretenir ses relations avec Almodis. Les pages de ce dernier venaient fréquemment à Brosse, où restait le plus souvent le comte de la Marche, sous divers prétextes et apportaient des lettres de Poitiers. Le lendemain d'un de ces voyages, Hélie se trouve tout à coup pris de coliques violentes après son repas; de tous côtés on court chercher des secours, peine inutile! Hélie n'est plus.

Cette mort si subite répandit dans tout le château l'horreur sur Almodis, que chacun regardait comme l'auteur de ce funeste trépas. Personne n'ignorait ses intrigues, que des habitants de Brosse prétendaient avoir aperçu plusieurs fois dans les environs du château et l'avoir reconnu malgré son déguisement. Les obsèques se firent en silence au milieu de la douleur générale, et le comte fut enterré devant la porte de la chapelle témoin de son bonheur et de ses amours.

XXXIX.

Après la mort de son mari, Almodis feignit un grand deuil et quitta Brosse pour n'y plus revenir, elle se retira dans le château de Bellac, et l'année suivante on apprit que la veuve du comte Hélie de Boson devenait duchesse d'Aquitaine et comtesse de Poitou. Sa vanité et ses amours étaient satisfaits, mais sa conscience ne l'était pas. La tour de Maubergeon ne lui donnait pas le bonheur qu'elle croyait y trouver. Le duc, de son côté, n'éprouva plus bientôt que des dégoûts pour celle qu'il avait tant et si longtemps aimée; son cœur volage commença à se porter vers d'autres beautés qu'il trouvait plus aimables et plus séduisantes que la pauvre comtesse, dans le cœur de laquelle les remords grandissaient et la dévoraient. Enfin n'y pouvant plus tenir, ne pouvant supporter plus longtemps les infidélités scandaleuses de son époux, elle lui demanda la permission de se retirer à Bellac, ce qu'il lui accorda très volontiers. Là encore elle ne trouva pas la paix qu'elle cherchait; une fondation pieuse lui sembla propre à ramener le calme dans un cœur qui ne devait plus le trouver, et, dans cette intention, elle fonda le prieuré de St-Jean-de-Chataing, commune de Saint-Barbant, en Basse-Marche, et fit ériger dans l'église la statue d'Hélie de Boson, son premier époux, et celle de son neveu dont elle avait pris la tutelle. C'est là, dans la solitude, qu'elle passait presque tous ses instants, devorée de remords, dans un deuil véritable et dans les larmes. Ce n'était plus cette belle princesse dont les charmes étaient si puissants : pâle, maigre, décharnée, ses deux yeux si beaux et si expressifs s'étaient enfoncés dans leurs orbites et semblaient deux fournaises ardentes où ne reste plus qu'une vapeur rougeâtre, seuls restes du feu qui devait y avoir brillé. Enfin Dieu eut pitié de ses maux et y mit le seul terme possible en l'appelant dans l'autre monde.

Almodis venait de rendre le dernier soupir ; Brosse, où régnait le silence et l'obscurité, retentit tout à coup d'un bruit épouvantable : une lueur blanchâtre apparut dans les airs, on vit au milieu l'ombre d'Almodis errante sur les tours et les murailles, et l'on vit les herbes desséchées courber et frémir sous ses pas. Depuis ce temps, tous les jours, à minuit sonnant, elle fait le tour de l'enceinte du château,

> Et quand la foudre éclate sur nos têtes,
> Vous entendez ses sourds gémissements
> Se mêler au bruit des tempêtes
> Et murmurer avec les vents.

— Voici, Messieurs, vous dira le père Léonard, voici l'histoire de la belle comtesse Limousine, que vous m'avez demandée et que je ne puis raconter sans pleurer, tant elle est triste et lamentable.

En effet, ce bon homme essuie ses yeux en terminant, puis il vous montrera les lieux témoins des diverses scènes qu'il vient de vous raconter, et vous reconduira fort poliment jusqu'à la porte de la cour, dont vous ne pouvez vous éloigner sans tourner plusieurs fois la tête comme faisait le ruisseau Belrio, et sans pousser quelques soupirs sur les aventures et les malheurs des anciens châtelains.

Bourges, Imp. Veuve MÉNAGÉ, rue Paradis, 16.

www.ingramcontent.com/pod-product-compliance
Lightning Source LLC
LaVergne TN
LVHW021702080426
835510LV00011B/1543